Johannes Schoon-Janßen

Neue Konfirmanden-Anspiele für Themen-bezogene Gottesdienste

Johannes Schoon-Janßen

Neue Konfirmanden-Anspiele für Themen-bezogene Gottesdienste

Fromm Verlag

Imprint

Publisher:
Fromm Verlag
is a trademark of
International Book Market Service Ltd., member of OmniScriptum Publishing Group
17 Meldrum Street, Beau Bassin 71504, Mauritius

Printed at: see last page
ISBN: 978-620-2-44214-5

Johannes Schoon-Janßen

Neue Konfirmanden-Anspiele für Themen-bezogene Gottesdienste

Vorwort

Im Jahre 2003 habe ich erstmals einen Band mit Konfirmanden-Anspielen veröffentlicht. Seitdem habe ich eine Menge neuer Anspiele geschrieben – viele für den Advent, einige zu Ostern, manche zum Erntedankfest und eine ganze Reihe für besondere Gottesdienste in der ev.-luth. St. Urbani-Kirche in Munster/Örtze oder auch an anderen besonderen Orten, z.B. für die Scheunengottesdienste in Kreutzen oder für Schulgottesdienste in der Hauptschule oder im kirchlichen Gemeindehaus.
Einige der Anspiele nehmen direkt oder indirekt Bezug auf Skulpturen des Munsteraner Künstlers Wladimir Rudolf, bei dem man viele seiner Kunstwerke auch für Gottesdienste, Bibelwochen o.ä. ausleihen kann (Homepage: art-ru.de).
Ich habe den Anspielen ein paar ähnliche Texte hinzugefügt, die fiktive Interviews enthalten, z.T. auch Betrachtungen oder kurzgefasste Gedanken zu christlichen Symbolen.
Alle Texte sind in der Gottesdienst-Praxis erprobt und bieten gute Einstiegsmöglichkeiten gerade auch für junge Leute in ein Thema, das dann im Laufe des Gottesdienstes weiter bedacht werden kann (z.B. in der Predigt).
Ich selber bin promovierter Neutestamentler und der festen Überzeugung, dass Anspiele die Gedanken der biblischen Autoren in unserer modernen Welt nochmal ganz neu für die Menschen aufschließen können, da die Themen hier dialogisch behandelt werden, wodurch fast immer mehrere Sichtweisen zum Zuge kommen.
Erprobt habe ich die Anspiele in Gottesdiensten mit Konfirmandinnen und Konfirmanden, aber vielfach auch im Unterricht an den Berufsbildenden Schulen in Soltau und z.T. auch in der Arbeit mit Studierenden der Religionspädagogik an der Leuphana-Universität Lüneburg, wo ich neben meinem Pfarramt in Munster als Lehrbeauftragter tätig bin.
Viel Freude beim Ausprobieren und Weiterentwickeln der Texte!

Dr. Johannes Schoon-Janßen

Munster, im Frühjahr 2018

Inhaltsverzeichnis

Anspiel: Gespräch über den Einzug Jesu in Jerusalem

(Stück für 6 Personen: Zwei Jünger, zwei Mädchen, ein Zelot, eine Priester-Tochter)

Szene an einem lauen Frühjahrsabend in der Altstadt von Jerusalem, der Hauptstadt Israels. Wir schreiben das Jahr 30 nach Christi Geburt. Die Straßen-Lokale in der Fußgängerzone sind überfüllt. Vormittags ist Jesus mit seinen Jüngern auf einem Esel in die Stadt eingezogen. Viele aus dem Volk haben ihm zugejubelt... Zwei seiner Jünger haben sich vor dem Gasthaus „Zum Goldtor“ den letzten freien Tisch gesichert. Sie unterhalten sich...

Erster Jünger: Mensch, das war aber auch eine Aktion da, heute Morgen. Da wollte unser Meister doch unbedingt noch eine Eselin und ein Eselsfohlen haben, um darauf in die Stadt hinein reiten zu können. Wir hätten genauso gut gehen können, aber er musste ja unbedingt reiten.

Zweiter Jünger: Na ja, es ging ja doch wohl um die Prophezeiung des Propheten Sacharja. Der hatte doch geschrieben: „Siehe, dein König kommt zu Dir sanftmütig und reitet auf einem Esel und auf einem Füllen, dem Jungen eines Lasttiers.“

Erster Jünger: Und deshalb mussten wir bis in das Dorf Betfage laufen und mussten den dortigen Eselsbesitzer mit Engelszungen überreden, dass er seine beiden Esel für einen absolut guten Zweck zur Verfügung stellte, falls er sie uns geben würde.

Zweiter Jünger: Sagt dem Besitzer: „ Der Herr bedarf ihrer“. Und sogleich wird er sie Euch überlassen. ... So hatte unser Meister gesprochen. Die Wirklichkeit war leider etwas komplizierter...

Erstes Mädchen: Tja, die Esel gehörten ja nun mal eben nicht Euch! Habt Ihr für meine Cousine und mich noch zwei Plätze frei?

Erster Jünger: Ja, natürlich, gerne ! Aber was wisst Ihr von unseren Eseln?

Zweites Mädchen: Nicht von Euren Eseln, sondern von den Eseln meiner Tante in Betfage.

Zweiter Jünger: Ihr kommt aus Betfage?

Zweites Mädchen: Ich nicht, ich wohne hier gleich um die Ecke in Jerusalem. Aber meine Cousine hier, die wohnt auf dem Lande. Nur zum Wochenende kommt sie manchmal in die Stadt. Wisst Ihr: In Betfage ist meistens nicht so ganz viel los. Anders als hier !

Erster Jünger: Dann haben wir die Esel von Eurem Bauernhof bekommen?

Erstes Mädchen: Ja, das war wohl so. Aber meine Mutter hat es Euch ja nicht gerade leicht gemacht, nicht wahr?

Zweiter Jünger: Woher weißt Du das?

Erstes Mädchen: Weil ich Euer Gespräch von der Scheune aus mit angesehen und mit angehört habe.

Erster Jünger: Na ja, wir dachten, Jesus hätte alles längst abgesprochen und geregelt. Aber letztlich mussten wir alles selber verhandeln. Da waren wir doch ziemlich überrascht.

Erstes Mädchen: Ja, Ihr seid ja auch ganz schön ins Stottern geraten...

Zweites Mädchen: Stimmt es, dass Ihr meiner Tante Eure Namen nicht sagen wolltet?

Erster Jünger: Davon hatte Jesus nichts gesagt. Und was weiß ich, was die Frau macht, wenn wir ihr unsre Namen sagen. Am Schluss hätte sie uns vielleicht noch die Polizei auf den Hals geschickt, oder was weiß ich.

Erstes Mädchen: Aber dann habt Ihr die Namen doch gesagt. „Wir sind Johannes und Andreas“, habt Ihr gesagt. Und meine Mutter hat geantwortet: „Nehmt die Tiere mit, Ihr Gesegneten des Herrn!“

Zweiter Jünger: Ja, die wusste nämlich doch Bescheid. Sie wollte nur, dass wir vernünftig fragen.

Zweites Mädchen: Und dann seid Ihr hierher in die Stadt eingezogen und das Volk hat gejubelt: „Hosianna dem Nachkommen Davids. Gelobt sei, der da kommt im Namen des Herrn!“

Zelot: (*Kommt an und setzt sich, ohne zu fragen, auf den 5.Stuhl*) Tja, da war der Jubel groß, denn aus der Familie Davids soll der Befreier Israels kommen. Er wird uns von der Fremdherrschaft der Römer befreien. Er wird zusammen mit uns Zeloten einen Aufstand gegen die Besatzer anzetteln. Er wird sich an die Spitze des Kampfes stellen und zusammen mit uns einen ruhmreichen Sieg davontragen. Und dann werden wir gemeinsam auch noch...

Priestertochter: Ruhig. Ganz ruhig! Behalte Deine Ideen lieber für Dich! .... Habt Ihr noch einen Platz frei?

Erster Jünger: Ja, klar! Setz Dich! Möchtest Du auch einen Orangensaft?

Priestertochter: Gerne. Vielen Dank!
Aber Ihr solltet mit Euren Reden etwas vorsichtiger sein. (*Sie senkt ihre Stimme...*) Ich selber fände es ja gar nicht schlecht, wenn die Römer hier mal verschwinden würden, aber die Hohen Priester am Tempel und ihre Leute sehen das ganz anders, und wer denen in die Quere kommt, der muss sich warm anziehen.

Zelot: Was verstehst Du schon von großer Politik, Kleine?!

Priestertochter: Versieh Dich nicht. Ich bin die älteste Tochter vom Hohen Priester Kaifas. Ich finde ihn nicht besonders toll, aber ich kriege bei uns am Mittagstisch so einiges mit. Und aufständische Zeloten mag er gar nicht.

Zelot: Dann soll er sich vor diesem Jesus von Nazareth in Acht nehmen, denn der scheint der lange angekündigte Messias zu sein, auf den wir so lange schon gewartet haben. Und der wird...

Zweiter Jünger: Der wird ... was?

Zelot: Na ja: Das Volk von den Tyrannen befreien!

Priestertochter: Dann wird er sich die Hohen Priester schnell zu Feinden machen.

Erster Jünger: Jesus wird keinen Aufstand machen, keine Angst. Er ist ein König der Herzen, und nicht der Waffen.

Zelot: Dann wird er Ärger mit uns bekommen, denn wir hassen Verräter!

Priestertochter: Na, wenn das mal gut geht. Egal, was er tut, immer macht er sich Feinde…

Anspiel: Gespräch im Advent über Adventskranz, Weihnachtsbaum und Spekulatius

(Ein Stück für vier Personen: Sprecher/in 1-4)
Vier Konfis unterhalten sich über Advent und Weihnachten…

Spr.1: Was findet Ihr in den Wochen vor Weihnachten am wichtigsten? Was gehört für Euch unbedingt dazu?

Spr.2: Also, ich finde es toll, wenn in den Wochen vor Weihnachten Schnee liegt und alles aussieht, als wenn ein Zuckerbäcker Puderzucker über die ganze Stadt verstreut hätte. Das ist zwar bei uns meistes nicht so; aber wenn es mal klappt, dann finde ich das traumhaft...

Spr.3: Also, ich finde es muss draußen so dunkel sein, von mir aus auch tagsüber, dass es drinnen im Haus so richtig gemütlich wird. Und dazu gehören dicke rote Kerzen, ein leckeres Heiß-Getränk, z.B. warmer Kakao, und was Süßes zum Knabbern, z.B. Marzipanbrote oder Spekulatius-Kekse.

Spr.4: Ja, da finde ich auch. Und außerdem braucht man einen Advents-Kalender, meinetwegen auch ohne Süßigkeiten, und ein oder zwei Adventskränze.

Spr.1: Und was ist mit den Lichtern der Adventsdekoration rund ums Haus, mit Weihnachtsmännern und Rentieren, die hell erstrahlen und immer an und wieder ausgehen?

Spr.2: Das muss wegen mir nicht sein. Kerzenschein mitten im Dunkeln, das finde ich gut. Aber ein ganz paar Kerzen reichen völlig, sonst ist es viel zu hell und zu grell, das passt eigentlich nicht so gut zu Weihnachten und Advent, finde ich.

Spr.3: Nein, das stimmt. Das finde ich auch. Aber ein großer beleuchteter Weihnachtsbaum irgendwo mitten in der Stadt, das muss sein, finde ich. Und eine Advents- und Weihnachtsbeleuchtung am Straßenrand, die gehört auch dazu. Dann freut man sich so richtig auf Weihnachten. Dann fängt man irgendwann schon an, die Tage zu zählen, bis Weihnachten ist.

Spr.4: Ja, und auch dafür ist natürlich ein Adventskalender sehr gut. Jeden Tag macht man ein Türchen auf oder öffnet eine kleine Verpackung, und am 24. Tag weiß man: Heute ist Heilig Abend. Da geht man zur Kirche, und anschließend sitzt man am Weihnachtsbaum und bekommt Geschenke und interessante Post.

Spr.1: Früher gab es noch keine Adventskalender, da hat man jeden Tag eine Kerze mehr angezündet als Symbol dafür, dass das Licht von Jesus immer näher kam. Später hat man den großen Kerzenhalter dann mit Tannengrün geschmückt und sich auf vier statt 24 Kerzen beschränkt, für jede Adventswoche eine.

Spr.2: Ach, so war das mit dem Adventskranz.

Spr.3: Ja, so war es wohl. Hauptsache jeder sieht, dass Gott Licht in die Dunkelheit bringt.

Spr.4: Ja, das Licht als ein Symbol für die Liebe Gottes mitten in der dunklen Welt. Eine tolle Idee eigentlich…

Anspiel zum 1. Advent (nach: Offenbarung 5,1ff.)

6 Personen: Peter (= J1); Anna (=M1); Pastorin (=P1); Matthias (=J2); Dora (=M3); Lea (M4)

1.Szene *(vor dem Gemeindehaus)*

M1 (zu M4): Du siehst ja so traurig aus, Lea! Was ist los mit dir? Hast du geweint?
M4: Ja, aber nur ein bisschen!
M1: Aber warum?
M4: Ach, Peter ist so oft so komisch zu mir. Erst ist er ganz nett, dann wieder gar nicht. Dann veräppelt er mich plötzlich. Und wenn ich frage, was denn ist, dann sagt er:" Wieso? Was soll denn los sein?" Für mich ist der wie ein Buch mit sieben Siegeln!
M1: Ein was?
M4: Ein Buch mit 7 Siegeln!
M1: Und was soll das sein?
P1: Was das sein soll? Das können wir gleich im Konfirmandenunterricht klären. Es geht jetzt übrigens los. Kommt ihr mit rein?
M1: Oh, so spät schon?!
M4: Ja, wir kommen! *(Sie gehen hinein.)*

(*LIEDSTROPHEN*)

2. Szene
(*Im Gemeindehaus, Konfirmanden sitzen auf Stühlen, eventuell mit Tischen.)*

P1: Also, bevor wir mit dem Thema von letzter Woche weitermachen, will ich mal eben was aufgreifen, was ich eben draußen mitbekommen habe. Anna, was war noch mal deine Frage?
M1: Lea sprach von einem „Buch mit sieben Siegeln". Und ich weiß nicht, was das sein soll.
P1: Weiß es jemand von euch?
J2: Ja, klar! Das ist, wenn man total nicht dahinter kommt, was mit einem Menschen los ist!
J1: Genau! Vor allem, wenn einer immer so geheimnisvoll tut und sich sozusagen nicht in die Karten schauen lässt. Dann sagt man: „Der ist für mich wie ein Buch mit sieben Siegeln!"
M3: Aber, Lea, wie meintest du das denn, als du das mit dem Buch mit den 7 Siegeln gesagt hast?
M4: Das geht euch gar nichts an! Das ist Privatsache! Aber wo kommt der Ausdruck mit den 7 Siegeln eigentlich her? Kann mir das mal jemand sagen? Man benutzt den Ausdruck manchmal einfach so, aber wo diese Idee herkommt, das weiß man selber nicht…

P1: Der Ausdruck kommt aus der Bibel, und zwar aus der Offenbarung des Johannes. Schlagt doch mal auf: Kapitel 5, Vers 1-5. Da steht:
Und ich sah in der rechten Hand dessen, der auf dem Thron saß, ein Buch, beschrieben innen und außen, versiegelt mit 7 Siegeln.
Und ich sah einen starken Engel, der rief mit großer Stimme:
„Wer ist würdig, das Buch aufzutun und seine Siegel zu brechen."
Und niemand, weder im Himmel noch auf Erden noch unter der Erde, konnte das Buch auftun und hineinsehen.
Und ich weinte sehr, weil niemand für würdig befunden wurde, das Buch aufzutun und hineinzusehen.
Und einer von den Ältesten spricht zu mir:
„Weine nicht! Siehe, es hat überwunden der Löwe aus dem Stamm Juda, die Wurzel Davids, aufzutun das Buch und seine 7 Siegel."

M3: Und was soll das heißen?

M1: Vielleicht, dass nur einer das Geheimnis der 7 Siegel lüften kann!

J2: Ja, und zwar ein Löwe aus Juda!

J1: Ja, und eine Wurzel Davids! Also wahrscheinlich einer, der mit dem König David verwandt ist.

P1: Und wer könnte das sein?

M3: Wenn Sie das fragen, dann wird es wohl der liebe Herr Jesus sein!

P1: Ja, stimmt! Der wird in der Offenbarung des Johannes als das „ Lamm Gottes" bezeichnet, weil er – wie ein Opfertier - für die Schuld der Menschen gestorben ist.

J2: Dann ist also Jesus derjenige, der die Geheimnisse der Welt lösen kann?

P1: Ja, das kann man so sagen!

J1: Aber wen mag Lea wohl gemeint haben, als sie von einem Buch mit 7 Siegeln gesprochen hat?

M1: Das wird wohl ihr Geheimnis bleiben, oder?

M4: Das werden wir sehen, nicht wahr, Peter?

Adventsanspiel: Gespräch zwischen zwei Jüngern und zwei Frauen über den Einzug Jesu in Jerusalem

(Anspiel für 4 Personen)
Szene: Zwei Jünger Jesu spazieren durch die Stadt und unterhalten sich darüber, wie Jesus gestern in die Stadt Jerusalem eingezogen ist. Zwei Frauen kommen dazu und fragen sie nach diesem Jesus…

Jünger 1: Ganz schön eindrucksvoll diese Stadt Jerusalem, oder?
Jünger 2: Kann man sagen…
Jünger 1: Wie? „Kann man sagen…“ mehr fällt Dir dazu nicht ein?
Jünger 2: Ja, klar ist diese Stadt was Besonderes. Aber wir sind ja auch Landeier - da ist man ja recht leicht mal begeistert…
Jünger 1: Ja, gut. Aber diese Straßen, diese Häuser, dieser Wahnsinnstempel: So was wird einem nicht jeden Tag geboten, schon gar nicht, wenn man aus dem letzten Winkel von Galiläa kommt…
Frau 1: Ihr kommt aus Galiläa?
Jünger 2: Ja! Wieso?
Frau 2: Aus Galiläa kommt doch auch dieser Jesus, der da gestern so feierlich in die Stadt hineingeritten ist…
Jünger 1: Da habt Ihr Recht. Habt Ihr seinen Einzug auf dem Esel gestern miterlebt?
Frau 1: Ja, zum Teil! Also: Wir kamen dazu, als der Einzug schon so gut wie vorbei war…
Frau 2: Ja. Und zwar kamen wir dazu, als alle fragten: „Wer ist das eigentlich?“
Frau 1: Stimmt es, dass er der Sohn eines Tischlers aus der kleinen Provinzstadt Nazareth ist? Eine Freundin von uns sagte so etwas…
Frau 2: Ach ja: Deine blöde Freundin Mathilda hört mal wieder das Gras wachsen! *(zu den Jüngern gewandt)* Ihr müsst wissen, die tolle und allwissende Mathilda hat nämlich immer den totalen Durchblick! … nur, dass es meistens eben gar nicht stimmt, was sie da immer so daher redet!
Jünger 2: Na gut, das mag sein. Allerdings in diesem speziellen Fall hat sie tatsächlich Recht: Jesus kommt aus Nazareth und hat bei seinem Vater eine Tischlerlehre gemacht. Aber inzwischen ist er Wanderprediger geworden: Er predigt über das Reich Gottes und über die Sünden der Menschen und über die Liebe Gottes und über…
Frau 1: Ich habe gehört, dass er auch schon des Öfteren Kranke geheilt hat – nur mit seinem Wort und manchmal noch einer ganz kleinen Berührung, mehr nicht. Stimmt das?
Jünger 1: Ja, das stimmt. Er hat heilende Hände. Aber wir sollen nicht so viel darüber reden, sagt er immer. Das mit den Krankenheilungen sei gar nicht das Entscheidende!

Frau 2: Aber warum sagt er so was? Es ist doch klasse, wenn Menschen durch sein Wort geheilt werden. Außerdem könnte er damit doch auch eine Menge Geld verdienen, wenn sich das rumspricht…

Jünger 2: Ja, aber genau das will er eben nicht: Er will kein Geld damit machen, sondern einfach so helfen. Und außerdem sagt er, dass er das mit dem Heilen sowieso nicht wirklich selber macht, sondern dass Gott ihm diese Fähigkeiten gibt, und also Gott eigentlich der Heiler ist.

Frau 1: Aber ist er nicht eigentlich ein von Gott geschickter Prophet. So sagen es jedenfalls die Leute in der Stadt fast alle.

Jünger 1: Na wenn die Leute es sagen:

Jünger 1+2: Dann wird´s wohl stimmen, oder?

Anspiel für den 1. Advent mit einem Gespräch über Jesu Einzug in Jerusalem

(Stück für 6 Personen: Sarah, Rebekka, Susanna, Josef, Aaron und Reporter/in)
Szene: Auf einem Markt in Jerusalem 33 nach Christi Geburt…

Reporterin: Sagen Sie mal: Wie fanden Sie das heute Vormittag, als der Jesus hier in die Stadt geritten kam?

Sarah: Also, ich fand das sehr eindrucksvoll, wie er in die Stadt kam und alle sich verneigten…

Josef *(ihr Ehemann)*: Also, es haben sich keineswegs alle verneigt!

Sarah: Na ja, aber die meisten!

Josef: Ja, weil seine Leute gesagt haben, wir sollten uns verneigen. Da haben die meisten halt gehorcht…

Sarah: Ja, und es war ganz wunderbar!!!

Rebekka (*eine Freundin von ihr*): Ja, das stimmt! Und dann riefen sie im Chor zusammen: „Hosianna! Gelobt sei, der da kommt im Namen des Herrn!“

Aaron *(ihr Mann)*: Ja, das haben sie aber nur so gerufen. Das war einfach ein eingängiger Sprechgesang. So ähnlich wie im Stadion. Da rufen und singen auch immer fast alle mit…

Rebekka: Willst Du damit sagen, die hätten es nur aus Spaß so gesagt, weil sie dachten, sie wären in einem Stadion??? Du spinnst ja wohl total!

Aaron: Liebe Frau, davon verstehst Du nichts! Lass uns nach Hause gehen!

Rebekka: Ich denke gar nicht daran, nach Hause zu gehen! (*Zur Reporterin*): Was wollen Sie noch wissen?

Reporterin: Na ja, das mit dem Esel! Fanden Sie das nicht merkwürdig, dass der Mann, der von sich sagte, er sei ein König, ausgerechnet auf einem Esel in unsere schöne Stadt ritt? Wäre ein Schlachtross nicht viel passender gewesen für einen, der ein König sein will???

Rebekka: Nein, ich fand, es passte gut zu diesem Mann: Das ist nämlich ein sanfter Mann. Nicht irgend so ein Draufgänger! Ah, da kommt meine alte Schulfreundin Susanna. Die war heute auch dabei. Sie gehörte zu seinem Gefolge… Susanna, war das nicht toll heute Vormittag?

Susanna: Ja, das war schon etwas Besonderes, so in die Stadt einzuziehen. Jesus hatte sich seit Wochen darauf gefreut, mit uns das Passah-Fest hier in Jerusalem zu feiern. Und er ritt auf einem Esel in die Stadt hinein: in die heilige Stadt am Berg Zion. Damit wurde die alte Prophezeiung des alten Sacharja wahr: Tochter Zion, freue dich: Siehe, dein König zieht bei dir ein: ein Gerechter und ein Helfer, arm und reitet auf einem Esel, auf dem Fohlen einer Eselin!“

Reporterin: Dann ist heute wohl etwas ganz Besonderes passiert, etwas, das mit dem vorhergesagten Messias zu tun hat. Ist das so?

Susanna: Wenn Sie die Gesichter der Menschen gesehen haben heute Morgen, dann haben Sie doch gesehen, was sie ausgedrückt haben: Große Freude und ganz viel Hoffnung auf diesen Mann aus Nazareth. Ich glaube, wir werden noch Großartiges mit ihm erleben. Glauben Sie mir…!

Anspiel im Advent über Luk. 1,5-25.57-66.67-69.76-80
(Vorgeschichte Johannes des Täufers)

Bibeltext:
5 Zu der Zeit des Herodes, des Königs von Judäa, lebte ein Priester… mit Namen Zacharias, und seine Frau…hieß Elisabeth.
6 Sie waren alle beide fromm vor Gott und lebten in allen Geboten … des Herrn untadelig.
7 Und sie hatten kein Kind; denn Elisabeth war unfruchtbar und beide waren schon alt.
8 Und es begab sich, als Zacharias den Priesterdienst vor Gott versah, da seine Ordnung an der Reihe war,
9 dass ihn nach dem Brauch der Priesterschaft das Los traf, das Räucheropfer darzubringen; und er ging in den Tempel des Herrn.
10 Und die ganze Menge des Volkes stand draußen und betete zur Stunde des Räucheropfers.
11 Da erschien ihm der Engel des Herrn und stand an der rechten Seite des Räucheraltars.
12 Und als Zacharias ihn sah, erschrak er, und es kam Furcht über ihn.
13 Aber der Engel sprach zu ihm: „Fürchte dich nicht, Zacharias, denn dein Gebet wurde erhört, und deine Frau Elisabeth wird dir einen Sohn gebären, und du sollst ihm den Namen Johannes geben.
14 Und du wirst Freude und Wonne haben, und Viele werden sich über seine Geburt freuen.
15 Denn er wird groß sein vor dem Herrn; Wein und starkes Getränk wird er nicht trinken und wird schon von Mutterleib an erfüllt werden mit dem Heiligen Geist.
16 Und er wird vom Volk Israel Viele zu dem Herrn, ihrem Gott, bekehren.
17 Und er wird vor ihm hergehen im Geist und in der Kraft Elias, zu bekehren die Herzen der Väter zu den Kindern,,,, zuzurichten dem Herrn ein Volk, das wohl vorbereitet ist.“
18 Und Zacharias sprach zu dem Engel: „Woran soll ich das erkennen? Denn ich bin alt und meine Frau ist betagt.“
19 Der Engel antwortete und sprach zu ihm: „Ich bin Gabriel, der vor Gott steht, und ich bin gesandt, mit dir zu reden und dir dies zu verkündigen.
20 Und siehe, du wirst stumm werden und nicht reden können bis zu dem Tag, an dem dies geschehen wird, weil du meinen Worten nicht geglaubt hast, die erfüllt werden sollen zu ihrer Zeit.“
21 Und das Volk wartete auf Zacharias und wunderte sich, dass er so lange im Tempel blieb.
22 Als er aber herauskam, konnte er nicht mit ihnen reden; und sie merkten, dass er eine Erscheinung gehabt hatte im Tempel. Und er winkte ihnen und blieb stumm.
23 Und es begab sich, als die Zeit seines Dienstes um war, da ging er heim in sein Haus.

24 Nach diesen Tagen wurde seine Frau Elisabeth schwanger und hielt sich fünf
Monate verborgen und sprach:
25 „So hat der Herr an mir getan in den Tagen, als er mich angesehen hat, um meine
Schmach unter den Menschen von mir zu nehmen.“

…

57 Und für Elisabeth kam die Zeit, dass sie gebären sollte; und sie gebar einen Sohn.
58 Und ihre Nachbarn und Verwandten hörten, dass der Herr große Barmherzigkeit
an ihr getan hatte, und freuten sich mit ihr.
59 Und es begab sich am 8. Tag, da kamen sie, das Kind zu beschneiden, und wollten
es nach seinem Vater Zacharias nennen.
60 Aber seine Mutter antwortete und sprach: „Nein, sondern er soll Johannes heißen.“
61 Und sie sprachen zu ihr: „Ist doch niemand in deiner Verwandtschaft, der so
heißt.“
62 Und sie winkten seinem Vater, wie er ihn nennen lassen wollte.
63 Und er forderte eine kleine Tafel und schrieb: „Er heißt Johannes.“ Und sie
wunderten sich alle.
64 Und sogleich wurde sein Mund aufgetan und seine Zunge gelöst, und er redete
und lobte Gott.
65 Und es kam Furcht über alle Nachbarn; und diese ganze Geschichte wurde
bekannt auf dem ganzen Gebirge Judäas.
66 Und alle, die es hörten, nahmen es sich zu Herzen und sprachen: „Was, meinst du,
will aus diesem Kindlein werden?“ Denn die Hand des Herrn war mit ihm. …

67 Und sein Vater Zacharias wurde vom Heiligen Geist erfüllt, weissagte und sprach:
68 Gelobt sei der Herr, der Gott Israels! Denn er hat besucht und erlöst sein Volk
69 und hat uns aufgerichtet eine Macht des Heils im Hause seines Dieners David, …

76 … Und du, Kindlein, wirst ein Prophet des Höchsten heißen.
Denn du wirst dem Herrn vorangehen, dass du seinen Weg bereitest
77 und Erkenntnis des Heils gebest seinem Volk in der Vergebung ihrer Sünden,
78 durch die herzliche Barmherzigkeit unseres Gottes,
durch die uns besuchen wird das aufgehende Licht aus der Höhe,
79 damit es erscheine denen, die sitzen in Finsternis und Schatten des Todes,
und richte unsere Füße auf den Weg des Friedens.“
80 Und das Kindlein wuchs und wurde stark im Geist.
Und er war in der Wüste bis zu dem Tag, an dem er vor das Volk Israel treten
sollte.

(Amen.)

Anspiel (Ein Engel – Gabriel – wird interviewt)

4 Personen: Erzähler/in, 1. Journalist/in, 2. Journalist/in, Erzengel Gabriel

Erzählerin: Sie alle kennen die Geschichte von Maria, die in der Weihnachtsnacht das Jesus-Kind gebar und es später zusammen mit Josef, ihrem Mann, zusammen großzog. Aber da gab es neben Maria noch eine andere wichtige Mutter im Neuen Testament, und die hieß Elisabeth. Sie war eine Cousine von Maria; und auch sie bekam eine Verheißung von einem Engel, dass sie einen sehr wichtigen Sohn bekommen sollte. Und auch bei ihr wurde die Geburt des sehr wichtigen Kindes wahr. Und dieses Kind nannte sie auftragsgemäß Johannes. Wir haben uns in der Konfirmandengruppe einmal vorgestellt, wie es wäre, wenn man den Engel Gabriel, der beide Geburten im Namen Gottes angekündigt hat, mal zu einem Hintergrundgespräch bitten könnte, wie Journalisten das mit wichtigen Leuten ja immer mal wieder machen…
O, ich glaube, da kommt Gabriel schon.
Und die beiden Journalistinnen sind auch schon da…

Journalistin 1: Guten Tag, Herr Engel Gabriel!

Gabriel: Sagen Sie einfach nur Gabriel zu mir oder Gabriela: Wir Engel sind keine Männer und auch keine Frauen: Wir gehören zum Gefolge Gottes und der ist auch nicht speziell männlich oder weiblich…

Journalistin 2: Ach so! Na gut. Trotzdem: Guten Tag!

Gabriel: Guten Tag!

Journalistin 1: Die Leser und Leserinnen unseres Blattes interessieren sich oft sehr für anrührende und persönliche Geschichten, und darum wollten wir gerne mal mit Ihnen in Kontakt kommen. Sie waren ja eine der Hauptpersonen in den Erzählungen, die mit der Geburt von Johannes und Jesus zu tun hatten.

Gabriel: Ja, das stimmt. Aber ich führe nur den Willen Gottes aus. Ich selber bin eigentlich gar nicht wichtig…

Journalistin 2: Sie haben aber immerhin im Namen Gottes dem Zacharias vorhergesagt, dass er und seine Frau in einem ziemlich hohen Alter noch Eltern werden würden und dass sie den Sohn nach seiner Geburt Johannes nennen sollten.

Gabriel: Ja, das stimmt. Das ist ja auch ein Name, der besonders eng mit Gott zusammenhängt!

Journalistin1: Wieso das?

Gabriel: Na ja, „Johannes“ ist eigentlich Hebräisch und heißt übersetzt „Gott ist gnädig!“

Journalistin 2: Ach so! Das ist dann ja tatsächlich ein ziemlich besonderer Name. Das wusste ich noch gar nicht!

Journalistin 1: Lieber Gabriel, können Sie uns trotzdem noch etwas darüber sagen, weshalb dieser Johannes nun so besonders wichtig war?

Gabriel: Ja, sicher! Sein Vater Zacharias hat es später mal sehr gut auf den Punkt gebracht. Er war sehr stolz auf seinen Sohn und hat ein Gedicht über ihn geschrieben. Und in dem Gedicht kommen unter anderem folgende Worte vor:

„Und Du, Kindlein, wirst ein Prophet des Höchsten heißen.
Denn Du wirst dem Herrn vorangehen, dass Du seinen Weg bereitest
und Erkenntnis des Heils gebest seinem Volk…
durch die herzliche Barmherzigkeit unseres Gottes,
durch die uns besuchen wird das aufgehende Licht aus der Höhe,
damit es erscheine denen, die sitzen in Finsternis und Schatten des Todes,
und richte unsere Füße auf den Weg des Friedens."

Journalistin 2: Dann war Johannes also so etwas wie ein Prophet?

Gabriel: Ja, er hat die Ankunft von Jesus von Nazareth in der Welt angekündigt!

Journalistin 1: Und warum war es so wichtig, dass der Jesus angekündigt wurde? Der hätte sich den Menschen doch ruhig selbst vorstellen können. So schüchtern war der doch eigentlich gar nicht, oder?

Gabriel: Nein, das nicht! Aber der Jesus war ja auch nicht deshalb so wichtig, weil er aus Nazareth war oder weil er der Sohn der Maria war, sondern weil er der Sohn des Höchsten war, der Sohn Gottes nämlich!

Journalistin 2: Und wieso hat der etwas mit einem Licht aus der Höhe zu tun? So ähnlich hat es der Zacharias in seinem Gedicht doch gemeint, oder?

Gabriel: Na ja! Schau dir die Welt doch an: Da gibt es viel Dunkelheit, viel Gewalt, viel Hass. Und weil das Gott überhaupt nicht gefällt, hat er seinen Sohn Jesus in unsere Welt zu uns Menschen geschickt. Der soll für uns ein Licht in der Finsternis sein. Und er soll uns daran erinnern, dass auch wir Christenmenschen ein Licht der Hoffnung für die anderen Menschen sein sollen.

Journalistin 1: Ja, für die anderen Christenmenschen, das verstehe ich! Aber was ist mit denen, die eine andere Religion haben? Für die sind wir doch eigentlich nicht zuständig, oder?

Gabriel: O doch! Die Christenmenschen sollen ein Licht für alle Menschen sein, die etwas Gutes für die Welt im Sinne haben – egal, welche Religion sie haben…

Journalistin 2: Wir sollen Frieden auch mit denen halten, die sich Gott ganz anders vorstellen als wir?

Gabriel: Ja, mit allen, die etwas Gutes für die Welt und für die Menschen wollen. Darum sagt Zacharias am Ende seines Gedichtes ja auch: „Und richte unsre Füße auf den Weg des Friedens!"

Journalistin 1: Vielen Dank für das Gespräch!

Journalistin 2: Vielen Dank auch von mir!

Gabriel: Gerne, aber nun muss ich weiter, denn die Botschaft vom Licht des Friedens ist noch längst nicht überall angekommen…

Erzählerin: Dann viel Erfolg, lieber Gabriel! Denn etwas vom Licht des Friedens unter die Leute zu bringen, das scheint im Moment gerade dringender zu sein denn je!

Anspiel für den 1. Advent zu den Themen: Nikolaus, Weihnachtsmann, Christkind

(Stück für 5 Personen: 4 Schüler/innen, ein/e Lehrer/in
Szene: 3 SchülerInnen stehen auf dem Schulhof zusammen und unterhalten sich über die Advents- und Weihnachtszeit (später kommt SchülerIn 4 dazu, noch etwas später ein/e Lehrer/in…)

S. 1: Na, freut Ihr Euch schon auf Weihnachten?
S.2: Ja, schon; aber erstmal kommt ja noch der Nikolaustag!
S.3: Ja, stimmt, beim Nikolausmarkt am 2. Adventswochenende sind wir mit dem Sportverein wieder mit einer Bude dabei; da gibt es Waffeln + Punsch.
S.2: Na ja, und da bekomme ich ja dieses Jahr auch mein neues Tablet…
S.1: Am Nikolaustag? Das ist ja was! Da bekommen meine Geschwister und ich Süßigkeiten, aber sonst eigentlich nichts…
S.3: Und wir legen abends ein paar Strunke rohen Grünkohl an die Hintertür und stellen jeder ein paar Schuhe daneben, und am nächsten Morgen sind ein paar Geschenke in den Schuhen, meistens Süßigkeiten, manchmal aber auch was für die Schule, z.B. ein neuer schicker Kugelschreiber und ein ganz gediegener Füller…
S.2: Und was ist mit dem Grünkohl?
S.3: Der ist dann weg!
S.2: Wieso das denn?
S.3: Weil der Nikolaus – oder wer auch immer – den Grünkohl als Futter für seinen Esel braucht – hat uns unsere Mutter früher immer gesagt…
S.1: Aber dann kommt Weihnachten! – Was bekommt Ihr denn vom Weihnachtsmann?
S.2: Ich habe mir als erstes ein neues…
(S. 4 kommt dazu!)
S.4: Hallo, Ihr drei! Ist denn schon Weihnachten? Oder was quatscht Ihr da zum Thema Weihnachtsgeschenke?
S.2: Ich wollte gerade erzählen, was ich mir gewünscht habe, und zwar habe ich…
S.4: Lasst Euch doch einfach überraschen!
Das Christkind wird schon was Schönes bringen!
S.1: Das Christkind? Wo kommst Du denn her? Bestimmt aus Bayern!
S.4: Und wenn schon. Wir sind tatsächlich letztes Jahr aus Bayern zugezogen, aber deshalb möchte ich trotzdem was vom Christkind bekommen!
S.2: Und was? Was steht auf Deinem Wunschzettel?
LehrerIn: Sprecht Ihr gerade über das Christkind?
S.4: Ja, und über den Nikolaus und den Weihnachtsmann! Aber haupt-

sächlich geht es den Dreien, glaube ich, um Geschenke! Haben, haben, haben!!!!

LehrerIn: Und was haben der heilige Nikolaus und das liebe Christkind mit Eurer Geschenke-Gier zu tun? Ich glaube, die haben da eigentlich gar nichts mit zu tun!

S.1: Aber der Weihnachtsmann! Der darf uns doch was schenken, oder der etwa auch nicht?

L. Doch, der vielleicht schon… Aber der Nikolaus…

S.4: War das nicht in echt ein Bischof, der sich für arme Kinder einsetzte?

L.: Ja, genau. Er lebte in der jetzigen Türkei und setzte sich für die Stärkung von Kinderrechten ein. Und dann haben die Amerikaner aus dem Nikolaus den Santa Claus gemacht, den heutigen Weihnachtsmann.

S.4: Dann ist der Weihnachtsmann eigentlich ein Nikolaus?

L.: Ja, aber ein Nikolaus, der sich plötzlich nicht mehr um arme Kinder kümmert, sondern Geschenke für alle organisiert. Da freuen sich die Spielzeugfabriken – vor allem in China…

S.4: Da ist das mit dem Christkind, das in Süddeutschland die Geschenke bringt, schon besser, oder? Das hat ja wohl ein bisschen mehr mit dem Heiligen Abend zu tun als Eure komischen Sitten hier, oder?

S.2: So, nun reicht´s aber!

S.3: Also: Das richtige Christkind, der Jesus, der damals im Stall in Bethlehem geboren ist, hat ja wohl überhaupt keine Geschenke verteilt.

S.2: Genau! Der hat Geschenke gekriegt!!! … von den heiligen drei Königen!

S.1: Genau! Und wir bekommen auch Geschenke, weil wir damit den Geburtstag von Jesus feiern.

S.2: Ja, das kann man wohl so sagen.

S.3: Im Kindergottesdienst haben wir vor ein paar Jahren ein Patenkind aus Südafrika gehabt, das uns manchmal auch geschrieben hat, wenn wir seinem Kinderheim wieder etwas Geld gespendet hatten. Und dieser Junge hat uns damals geschrieben, dass er noch nie was zu Weihnachten bekommen hat und er manchmal gar nicht gemerkt hat, dass schon wieder Weihnachten war.

S.4: Ja, von so einem ähnlichen Fall habe ich auch mal gehört.

L.: Eigentlich bedeutet Weihnachten ja auch nicht, dass man möglichst viele Geschenke einsammeln soll, sondern dass man anderen etwas schenkt, und das muss auch nicht unbedingt Geld kosten.

S.2: Stimmt, man kann z.B. seinen Mitmenschen etwas Zeit schenken…

S.3: Ich habe gehört, dass neulich ein paar Konfis Besuche im Altenheim gemacht haben und alle es sehr gut fanden, die Konfis, weil sie mal mit alten Leuten über das reden konnten, was die früher so alles erlebt haben; und die alten Leute, weil sie mal Jugendliche getroffen haben, die sich für sie und ihr Leben interessiert haben…

S.4: Ja, Zeit kann auch ein gutes Geschenk sein.

S.2: Ja, oder wenn man zusammen Musik macht: mit Alten und Jüngeren und vielleicht auch ganz jungen…

S.1: Ich werde dieses Jahr Weihnachten mal ein bisschen anders angehen als sonst, glaube ich. Ich bin ganz schön ins Nachdenken gekommen. Mal sehen, was mit dazu noch einfällt. *(an L.:)* Könnten Sie diese Woche nicht mal die Verfügungsstunde dafür frei machen?

L.: In Ordnung! Dann lasst uns das Weihnachten-Feiern doch ruhig nochmal neu erfinden!

Oster-Anspiel: Sightseeing zu Ostern in der Kirche

3 Personen: Reiseleiterin („Wiebke") mit Tuch + Schirm; Touristenpaar („Pia" + „Kelvin") mit Cappies

Szene: Führung durch die Kirche (St. Urbani, Munster, Altardarstellung zum Thema: „Hinabgestiegen in das Reich des Todes")

Reiseleiterin: Und nun, meine Herrschaften, betrachten Sie bitte mal mit hoher Konzentration diesen schönen Kirchen-Altar von 1440! Beachten Sie bitte ganz besonders die feinen Ziselierungen und das hauchdünne Blattgold, das dem Altar eine ganz besondere Dignität gibt, die für das 15. Jahrhundert von herausragender Bedeutung ist. Schauen Sie sich bitte auch die ganz besondere Predella an: Die wurde erst vor wenigen Jahren…

Pia (zu Kelvin): Was sind das denn für komische Teufelsfiguren hier vorne? Das ist ja voll abgedreht: lauter Teufel, und das in einer Kirche!!! Das hätte ich ja nun nicht gedacht…

Kelvin: Psssst! Unsere Reiseleiterin will weiter, glaub ich. Wir sollen heute doch noch das Schloss in Celle und den Bahnhof in Uelzen besichtigen…

Reisel.: Ruhe bitte dahinten! Was ist denn los da! Wir wollen heute schließlich noch…

Pia + Kelvin: …das Schloss in Celle und den Bahnhof in Uelzen besichtigen!

Reisel.: Ja, genau! So steht es in Ihrem Programm. Der Abend steht dann zur freien Verfügung. Unsere Firma empfiehlt Ihnen, noch einen Abend-Spaziergang durch die Herrenhäuser Gärten zu unternehmen, wo es heute noch ein Feuerwerk geben wird. Morgen früh geht es dann um 7.00 Uhr weiter nach Heidelberg, wo wir gegen Mittag das Schloss besichtigen werden…

Pia: Also: Ich möchte trotzdem jetzt erstmal wissen, wieso da lauter kleine Teufelsgesichter auf dem Altar zu sehen sind.

Reisel.: Das sind keine Teufelsgesichter, sondern etwas ganz anderes. Aber das verstehen Sie sowieso nicht. Ich frage mich langsam auch, wieso Sie überhaupt in dieser Gruppe mitreisen. Andauernd stellen Sie komische Fragen, und die einschlägige Reiseliteratur zum Thema scheinen Sie auch überhaupt nicht gelesen zu haben. Also: Das sind ganz normale Gesichter von ganz normalen Personen aus dem 15. Jahrhundert, basta!

Kelvin: Und warum haben diese Figuren dann Hörner auf dem Kopf?

Reisel.: Das ist eine symbolische Darstellung: Man wollte damit zum Ausdruck bringen, dass es sich hierbei um ganz besondere Wesen handelt.

Pia: Und was für Wesen?

Reisel.: Na ja, wichtige Wesen eben!!!

Kelvin: Und der Mann mit der flatternden Fahne da vorne? Der hat keine Hörner: Ist der dann nicht so wichtig?

Reisel.: Ja, genau! Der ist nicht so wichtig. Der schaut nur zu… Ein Zuschauer eben!

Pia: Und was ist das da ganz rechts unten für ein riesiges Maul, aus dem die 3 Männer und die zwei Frauen da gerade herauskommen? Ist das auch nicht so wichtig?

Reisel.: Doch, das ist schon wichtig, aber so wichtig auch wieder nicht… Es ist übrigens gleichfalls im 15. Jahrhundert gefertigt worden, ebenfalls von einem Lüneburger Meister, so steht es jedenfalls im Internet…

Kelvin: Und warum haben die Menschen, die aus dem Maul kommen, alle die Hände gefaltet? Und warum hat der Mann mit der wehenden Fahne ein goldenes Gewand an?

Reisel.: Keine Ahnung! Ich mache hier auch nur meinen Job. Und für Kirchen-Kunst interessiere ich mich auch nicht allzu sehr, ehrlich gesagt… Außerdem müssen wir weiter, denn…

Pia + Kelvin: … wir wollen doch heute noch das Schloss in Celle und den Bahnhof in Uelzen besichtigen.

Reisel.: Genau!

Pia: Gibt es nicht auch einen Zug, mit dem wir heute Abend von Munster nach Hannover ins Hotel nachkommen können?

Reisel.: Ja, schon. Mit dem Niedersachsenticket ist das auch gar nicht teuer. Aber Sie müssten dann einmal umsteigen, und zwar im Bahnhof…

Kelvin: von Uelzen! Ja, ist schon klar. Dann können wir ihn ja auch noch kurz besichtigen. Und das Schloss in Celle kennen wir längst. In Celle wohnt eine Tante von mir…

Reisel.: Ja, aber alles auf Ihre Verantwortung.

Pia: Ja, ja, kein Problem!

(Reiseleiterin hebt den Regenschirm und geht…)

Kelvin: Mensch, da hat meine Tante uns zum Hochzeitstag aber auch eine komische Reise geschenkt: Immer nur wie verrückt von einer Stadt in die nächste. Und in einer Tour Geschichts-Zahlen… Manche Dinge kann man viel besser angucken, wenn nicht dauernd jemand einen vollquatscht.

Pia: Ja, das stimmt. Ich glaube übrigens, der Mann mit der wehenden Fahne, das ist Jesus. Und ich glaube, das Bild hat irgendwie was mit Ostern zu tun. Und ich glaube, der Jesus hat die drei Männer und die beiden Frauen gerade befreit, und deshalb beten die zu ihm – weil sie ihm dankbar sind.

Kelvin: Ja, das kann gut sein. Aber das mit den Teufelchen finde ich trotzdem merkwürdig. Komm, wir gehen nochmal außen um die Kirche. Ich meine, ich hätte da vorhin noch andere interessante Holzfiguren gesehen. Und wenn wir Glück haben, treffen wir vielleicht eine Pastorin oder einen Küster, die wissen bestimmt besser damit Bescheid als diese sogenannte Reiseleiterin.

Pia: Gute Idee; komm, wir gucken mal…

(gehen durch die Sakristei weg…)

Anspiel: An einem Ostermorgen an einer S-Bahn-Station einer großen norddeutschen Stadt…

(Stück für zwei Personen); Szene: P.1 sitzt auf einer Wartebank. P. 2 kommt dazu…

P.2: Ist hier noch was frei?
P.1: Ja, klar! Und: Frohe Ostern!
P.2: Was ??
P.1: Frohe Ostern!
P.2: Ach so. Ja.
P.1: Und?
P.2: Was und?
P.1: Soll ich keine „frohe Ostern" haben?
P.2: Doch klar. Frohe Ostern! … Ich hatte gar nicht mitgekriegt, dass es schon so spät ist…
P.1: Wieso?
P.2: Na ja. Ich komme gerade vom Tanzen aus dem „Night-Dream"! Dass es schon so spät ist, dachte ich nicht. Aber beim Tanzen und Chillen vergeht die Zeit eben doch wie im Flug. Und jetzt wird erst mal geschlafen. Und wo kommst Du gerade her? Ich darf doch Du sagen, oder?
P.1: Ja, kein Problem. Ich komme von zu Hause und fahre gleich mit der S-Bahn in die schöne alte Kirche drei Stationen weiter. Da beginnt in einer halben Stunde der Ostergottesdienst und da will ich natürlich dabei sein.
P.2: Ach so… Na, das wäre nichts für mich!
P.1: Wieso? Weil Du jetzt so müde bist?
P.2: Ja, auch!
P.1: Und was noch?
P.2: Na ja, das mit der Kirche ist vielleicht etwas für Kinder. Aber wenn man erwachsen ist und einen klaren Blick für diese Welt hat, dann merkt man schnell, dass dies für klar denkende Menschen nun wirklich nichts ist…
P.1: Klar denkende Menschen tanzen lieber die Nächte durch?
P.2: Na ja, so wie die Welt z. Zt. aussieht, muss man alles mitnehmen, was man noch kriegen kann. Es wird sowieso alles immer schlimmer und gefährlicher. Und letztlich kommt das alles von den Religionen her, die sich nicht einig werden und sich auf Kosten der gutmeinenden Mitbürger bis auf die Zähne bekriegen. Unser ganzer Rechtsstaat geht doch gerade vor die Hunde!
P.1: Und da denkst Du Dir: „Da tauche ich am besten ab und kümmere mich nicht weiter um diese Welt"?
P.2: Ja, so ungefähr!
P.1: Dann setzt Du Dich aber auch nicht gerade besonders aktiv für die Rettung des demokratischen Rechtsstaates ein, oder?
P.2: Das geht Dich gar nichts an. Ich gehe alle vier Jahre zur Wahl. Und was ich da wähle, das ist geheim. Den Rest sollen die Politiker machen, die werden

schließlich dafür bezahlt.

P.1: Die Leute, die bei der Kirche mitmachen, sehen das aber ganz anders!

P.2: Wieso? Was sehen die anders? Die gehen in die Kirche, damit ihre Nachbarn sehen, dass sie brave Kirchgänger sind, und zu Hause schlagen die dann ihre Kinder und nerven alle anderen mit ihrer Beterei und ihrer ewigen Besserwisserei.

P.1: Na, da hast Du aber wohl schon einiges an Jahren in der Kirche verpasst! Den Nachbarn ist das bei uns in Norddeutschland doch völlig egal, ob einer in die Kirche geht, oder nicht. Die gehen doch selber fast nie hin. Die, die da hingehen, die machen das, weil sie es gut finden, das zu tun.

P.2: Ja, können sie doch auch…

P.1: Ja, das tun sie auch! Und sie gehen dahin, weil sie gegen Gewalt zwischen den Menschen und den Religionen sind. Und weil sie sich für ein Miteinander der verschiedenen Menschen einsetzen. Und weil sie auch gemeinsam zu Gott beten wollen für die vielen Opfer von Gewalt.

P.2: Und was haben die nun alle von so einem Gottesdienst? Wozu soll so ein Dienst für Gott gut sein? Ich glaube, die haben alle irgendwie Angst vor Ihrem Gott und meinen, wenn sie ihn oft genug besuchen und Dienste für ihn veranstalten, dann wird er besänftigt in seinem Zorn und lässt sie nach ihrem Leben alle schön in den Himmel rein. Das denken die, glaube ich. Aber ich glaube nicht, dass das klappen wird!

P.1: Nein, das würde so bestimmt nicht klappen, da hast Du recht. Aber so ist es ja auch gar nicht. Die Leute, die oft zur Kirche gehen, die tun das nicht, um den Gott freundlich zu stimmen, sondern um selber neue Kraft zu bekommen. Und das klappt sehr oft sehr gut. Gott schenkt neue Kraft! Und übrigens: Zum Gottesdienst geht man nicht, weil man einen Dienst für Gott machen will, sondern weil man dort von Gott ganz viele gute Tipps für den Alltag bekommt und auch insgesamt ganz viel neue Kraft.

P.2: Und warum heißt das Ganze dann „Gottesdienst“?

P.1: Weil Gott dort einen guten Dienst an den Menschen tut, die kommen und ihm vertrauen: Er unterstützt sie, er hilft ihnen zu besserer Konzentration und er gibt ihnen gute Gedanken und Ideen für den Rest der Woche!

P.2: Aber er lenkt den Menschen von einem guten Handeln ab und lässt ihn immer nur die Augen zumachen und beten, während drum herum alles durcheinander geht.

P.1: Nein! Genau das Gegenteil stimmt: Gott macht die Menschen durch die Ruhe und die Gebete am Sonntag bereit, sich in der Woche den Problemen zu stellen und gemeinsam mit anderen an guten Lösungen zu arbeiten. Und dabei achten die Christenmenschen ganz besonders darauf, dass bei allem die Nächstenliebe nicht vergessen wird.

P.2: Und wie soll das alles durch einen Gottesdienst bewerkstelligt werden?

P.1: Na ja: Wir singen da, wir beten, wir entwickeln Ideen und wir erleben eine gute Gemeinschaft. Aber nun geh mal schlafen: Die S-Bahn kommt.

P.2: Du, so müde bin ich jetzt gar nicht mehr! Darf ich mitkommen, nur mal so?

P.1: Ja, klar! Aber im Gottesdienst musst Du Deine Kappe abnehmen.
P.2: Wenn´s weiter nichts ist…

Oster-Anspiel: Tatort „Gartengrab“

Personen: ein Kommissar der Betrugsabteilung, ein Polizei-Assistent, eine Zeugin, ein Zeuge
Szene: ein Montag-Morgen im Nisan-Monat 30 n. Chr. in Jerusalem

Kommissar: So, Frau Moab, Sie haben also von einem Komplott gehört, ja?
Frau Moab: Nennen Sie es, wie Sie wollen…
Kommissar: Also, was haben Sie gehört oder gesehen?
Frau Moab: Ich habe gehört, wie zwei Männer sich unterhalten haben. Und zwar ging es um diesen Jesus. Da hat der eine zum anderen gesagt: „Wenn die seine Leiche mal nicht gestohlen haben. Zuzutrauen wäre es ihnen ja!“
Na, und da habe ich mir als treue Bürgerin gesagt: „Naomi“, so heiße ich nämlich mit Vornamen, also: „Naomi“, habe ich mir da gesagt, „jetzt gehst du mal schön zur Polizei!“
Polizei-Assistent: Das haben Sie sehr gut gemacht! Es geht doch nichts über wachsame Mitbürger!
Kommissar: Sicher. Aber, nun sagen Sie mal: „Was haben Sie denn nun selber gesehen?“ Sie haben sich doch als Zeugin gemeldet!
Frau Moab: Na ja! Dass dieser Jesus Nazarus, oder wie er nun genau heißt, nicht auferstanden sein kann, das ist doch wohl klar! Und da kommt es mir doch sehr schlüssig vor, dass seine Leiche geklaut worden ist…
Polizei-Ass.: Ja, das hört sich schlüssig an! Was meinen Sie, Chef?
Kommissar: Was ich meine, ist hier gar nicht so wichtig. Hier geht es um Fakten. Und die versuche ich gerade zu erheben!
Frau Moab: Ja, dann habe ich ja meine Bürgerpflicht nun wohl getan! Nehmen Sie seine Leute jetzt fest? Ich hätte noch etwas Zeit. Kann ich da ein bisschen mit zuschauen?
Kommissar: Gute Frau, unterschreiben Sie erstmal nebenan das Protokoll. Und dann gehen Sie bitte nach Hause. Wir gehen der Sache weiter nach.

(Frau verschwindet mit dem Assistenten Richtung zweites Büro…)
(Ein Mann mit Bart betritt das Büro…)

Kommissar: Guten Tag, Herr …
Mann: Nathanael! Nathanael Kapernaus!
Kommissar: Herr Kapernaus! Sie sind einer von den Anhängern dieses Jesus Nazareth, richtig?
Mann: Ja, das stimmt. Aber das ist eigentlich nicht der Grund, weshalb ich gekommen bin.
Kommissar: Ach so! Und was kann ich dann also für Sie tun?

Mann: Ich komme, weil es mir leid tut, dass bei der Auferstehung unseres Herrn, als der Stein wegrollte, sich zwei Wachsoldaten offenbar verletzt haben, wie zwei Freundinnen mir berichtet haben, die die beiden vor dem leeren Grab vorgefunden haben gestern Morgen.

Kommissar: Ja, das war eine dumme Sache… Und keiner weiß, was da eigentlich wirklich passiert ist!
Wissen Sie es???

Mann: Nein, nicht aus eigener Anschauung! Aber unsere Mitjüngerinnen, Maria und ihre beste Freundin, haben uns berichtet, dass ein Engel am frühen Morgen vom Himmel kam, den Stein wegwälzte und ihnen sagte: „Ihr sucht Jesus. Er ist nicht hier. Schaut euch die Stelle an, wo er gelegen hat! Er ist nicht hier. Er ist auferstanden, wie er gesagt hat!“

Kommissar: Und wie ist das, falls das alles überhaupt stimmt, mit den Wachen passiert?

Mann: Die haben einen Heidenschreck bekommen, als sie den Engel sahen, und sind vor Schreck eine Weile erstarrt. Dabei haben sie sich wohl irgendwie wehgetan!

Kommissar: Und Sie kommen zu mir, um sich bei den Wachleuten zu entschuldigen?

Mann: Na ja! Entschuldigen vielleicht nicht gerade. Aber ich möchte, dass die nicht schlecht von Gott denken und auch nicht von Jesus. Deshalb wollte ich mich bei Ihnen nach deren Adressen erkundigen. Meine Freunde und ich würden die beiden einfach gerne mal schön zum Essen einladen. Die beiden konnten ja nichts dafür, dass sie genau da an dem Abend Dienst hatten, als diese Engelserscheinung stattfand. Und vor allem sollen sie nicht schlecht von Jesus denken, denn der ist ja nicht nur für uns als seine Jünger auferstanden, sondern auch z.B. für diese beiden Wachleute.

Kommissar: Also, diese Sache wird ja immer verrückter…
Allerdings habe ich von Ihnen, Herr Kapernaus, nicht den Eindruck, dass Sie ein verschlagener oder hinterhältiger Mensch sind. Holen Sie sich die Adressen der beiden gerne im Nebenzimmer und grüßen Sie meinen eifrigen Assistenten gerne von mir…

(Mann geht Richtung Nebenzimmer…)

Kommissar: Vielleicht werde ich ja einfach alt… Aber: Dieser Kapernaus und seine Leute sind mir irgendwie sympathisch. Die haben einen Glauben an das Gute, um den ich sie tatsächlich beneide…
Vielleicht sollte ich über meine Weltsicht doch auch nochmal nachdenken. Nicht jeder Mensch muss gleich ein Gangster oder ein Spinner sein, nur weil er sich anders verhält als die meisten…
Ach, was rede ich… Ich werde mir den Tatort einfach nochmal ganz genau anschauen…

Sprechmotette zum Erntedankfest: Gedanken zu Jesaja 58

Text für vier Konfirmanden

K.1: Wir sollen das Brot mit den Hungrigen teilen.

K.2: Ich persönlich kenne keinen, der aus Geldnot hungrig ist.

K.1: Ich auch nicht.

K.3: Wir sollen Leuten Kleidung schenken, die nichts anzuziehen haben.

K.2: Ich persönlich kenne keinen, der nichts anzuziehen hat.

K.3: Ich auch nicht.

K. 4: Wir sollen Obdachlosen eine Wohnung besorgen.

K. 2: Ich persönlich kenne keinen, der nicht irgendwo wohnt.

K.4: Ich auch nicht.

K. 1: Ich glaube, es ist allgemeiner gemeint.

K.2: Ja, wahrscheinlich. Vielleicht sind Hungernde und ganz Arme in größeren Städten gemeint, die wir z.B. durch Spenden unterstützen sollen. In Hamburg oder Hannover habe ich schon öfter solche Leute gesehen. Und Afrika ist voll mit solchen Leuten.

K.3: Neulich war ich bei meiner Oma zum Geburtstag. Da haben ihre Freundinnen erzählt, dass sie früher im Krieg und kurz nach dem Krieg in Deutschland auch gehungert haben. Da haben sie die Müllhalden nach etwas Essbarem abgesucht und – Gott sei Dank – auch Pakete mit Dosen und Fertignahrung von Christen aus Amerika, denen es gut ging, erhalten.

K.4: Vielleicht sind jetzt wir die Christen, die anderen Menschen in Afrika oder Asien etwas zu essen oder zum Anziehen spenden sollen oder die die obdachlosen Menschen in deutschen Großstädten unterstützen sollen.

K.1: Ja, vielleicht ist das so.

K.2: Ihr meint, man sollte etwas für die Armen geben, wenn man selbst nicht hungert?

K.3: Ja, das wäre sicher eine gute Idee und auch im Sinne der Bibel.

K.4: Ich denke, wir kommen später darauf zurück… (*zeigen auf Klingelbeutel…*)

Erntedank-Anspiel über Lukas 12,13-21

(Stück für 6 Personen: 5 Konfirmand/innen und eine/n Pastor/in)
Szene: Konfirmandenunterricht in der Woche nach dem Erntedankfest...

Pastor: Na, wie hat Euch und Euren Familien der Erntedankfestgottesdienst gefallen?

K.1: Ich fand´s ganz cool: So mit dem schönen Altarschmuck und der abwechslungsreichen Musik. Ja, es war ganz o.k., fand ich...

K.2: Ich fand es auch nicht schlecht, allerdings neben mir saßen Leute: Die fanden die Lesung mit dem reichen Bauern total blöd.

K. 3: Wieso? Was hat denen denn nicht gefallen?

K. 2: Erst wusste ich das auch nicht. Aber nach dem Gottesdienst habe ich draußen noch ein bisschen rumgestanden, weil ich mir noch einen Gottesstrich holen wollte. Und da bekam ich mit, dass die sagten: „Immer diese blöde Lesung mit dem reichen Bauern! Die meisten Bauern, so wie wir z.B., müssen ganz viel arbeiten und sind überhaupt nicht besonders reich dadurch; dafür sind die Lebensmittelpreise ja viel zu niedrig in Deutschland. Immer sind wir in der Bibel am Schluss die Blöden!“

P.: Aber, das ist doch Quatsch! So ist die Geschichte doch überhaupt nicht gemeint!

K. 4: Na, dann müssen Sie die nächstes Mal wohl mal ein bisschen besser erklären in Ihrer Predigt! Ich habe das Sonntag auch so verstanden, dass der Bauer irgendwie alles falsch gemacht hat und daher dann die Quittung dafür kriegte!

K.1: Also, ich weiß nicht! Den Bauern wurde doch irgendwie auch ganz nett gedankt in dem Gottesdienst, oder?

K.5: Na ja, vor allem wurde doch wohl dem Gott gedankt! Mir haben die Lieder dazu übrigens auch ganz gut gefallen!

K.4: Nun, lenk mal nicht vom Thema ab: Ich finde auch, man hätte zum Erntedankfest ruhig mal über etwas Netteres predigen können als über den Tod eines gierigen Landwirts.

K.3: Ja, z.B. über den Hunger in der Welt und wie man etwas dagegen tun kann oder über interessante Projekte, in denen Menschen den Respekt vor der Natur neu erlernen können.

Pastor: Na gut, dann werden wir uns für den nächsten Erntedankgottesdienst mal etwas ausdenken, was näher an der Wirklichkeit ist als der angeblich gierige Bauer – vielleicht etwas über die Wichtigkeit der Landwirtschaft und warum die Bauernhöfe für uns alle sehr wichtig sind.

K.1: Ja, und darüber, dass es – Gott sei Dank – in unserer Gegend immer was Gutes zu ernten gibt.

K. 2-5: Ja, das machen wir! Machen Sie (Herr Pastor) denn auch mit?

P.: Auf alle Fälle!!!

Erntedank-Anspiel über das Sammeln und das Loslassen (zu: 2. Kor 9 + Mt. 6,19-23)

(Stück für 4 Personen)

Szene: 4 Frauen treffen sich samstags nach dem Gang über den Wochenmarkt zufällig am Eingang einer Eisdiele... Sie begrüßen und umarmen sich herzlich.

Frau 1: So, das Wochenende ist gerettet. Ich habe kurz vor Marktende noch ein paar schöne Zucchini bekommen. Die gibt es mit Tomaten und dazu schöne Heide-Kartoffeln und leckere kleine Schnitzel für alle...

Frau 2: Wunderbar! Und bei uns gibt es zum Brunch original kretischen Schafskäse von dem Stand, an dem der nette junge Mann aus Griechenland immer so herrliche Köstlichkeiten anbietet. Dazu hat er mir ein ofenfrisches Fladenbrot verkauft. Und ein paar Oliven hat er noch so – umsonst – dazu gegeben.

Frau 3: Sehr gut!
Und ich mache am Sonntag einen Obst-Tag mit Birnen, Äpfeln, Nektarinen und roten Weintrauben. Dazu gibt es Joghurt und Sesam-Kerne. Und jetzt gibt´s erst mal eine leckere Tasse Kaffee!

Frau 4: Also: Kaffee brauche ich keinen mehr. Ich hatte schon reichlich davon!

Frau 1: Na komm, das Frühstück ist wohl schon ein Weilchen her, oder?

Frau 4: Den Kaffee habe ich gerade eben erst getrunken, und zwar drüben am Kirchenstand...

Frau 3: Ach, haben die wieder Spenden gesammelt für irgendwelche maroden Gebäude und den Spendern als Gegenleistung dann ein bisschen von ihrer entkoffeinierten braunen Plörre überlassen? Ich kenne den Laden! So machen die das doch fast immer!

Frau 2: Nein, so war es ganz und gar nicht! Ich habe meinen Kaffee gerade auch schon gehabt; auch am Kirchenstand übrigens!

Frau 1: Und der hat geschmeckt?

Frau 2: Ja, hat er! Und dabei war er „bio“ und außerdem auch noch aus dem „Fair trade“ Programm. Ihr wisst schon: Das ist der Kaffee, den es früher nur in Eine-Welt-Läden gab und den inzwischen auch die meisten Supermärkte mit im Programm haben, auch wenn er etwas teurer ist als der normal gehandelte. Dafür kriegen die Plantagenarbeiter bei diesem Kaffee auch eine einigermaßen korrekte Bezahlung, was ja sonst in den Ländern Afrikas und Südamerikas meistens gar nicht der Fall ist...

Frau 4: Ich habe am Kirchenstand allerdings gar nichts dafür bezahlen müssen...

Frau 3: Ach, hat Dich jemand freigehalten?

Frau 4: Nee! Die haben uns einfach eingeladen und gesagt, sie wollten heute mal keine Spenden, sondern einfach nur einen Kaffee an ihre getreuen oder zukünftigen Schäfchen verschenken…

Frau 3: Aber sonst sammeln die doch immer!!!

Frau 2: Manchmal sammeln sie auch für den einen oder anderen guten Zweck, was ja auch in Ordnung ist; aber heute nun eben gerade mal nicht…

Frau 1: Sagt mal: Ist am Sonntag nicht Erntedankfest?

Frau 2: Ja…

Frau 3: Früher ging man da ja mit der Familie zur Kirche; aber das macht ja nun auch keiner, nicht wahr?

Frau 4: Das weiß ich gar nicht mal. Also wir gehen auf alle Fälle hin, schon weil die Kirche dann immer so toll geschmückt ist. Die Erntekrone soll in diesem Jahr übrigens aus Alvern kommen. Kommt Ihr doch auch, dann treffen wir uns da!

Frau 1: Ach, ich weiß nicht… Dann gucken die anderen komisch, wenn wir da plötzlich auftauchen, wo wir doch so lange nicht da waren.

Frau 2: Das ist doch Quatsch! Die Leute gehen doch da nicht hin, um zu gucken, wer noch alles da ist oder nicht da ist…

Frau 3: Sondern?

Frau 2: Die wollen einen schönen Gottesdienst erleben und Gott für alles danken, was er uns allen in diesem Jahr geschenkt hat…

Frau 3: Einen langen Winter, viel Regen und dann noch ein bisschen Sommer. oder was???

Frau 4: Na ja, Sonne und Regen sind natürlich tatsächlich die Hauptzutaten, damit überhaupt etwas wachsen kann; und so kurz war der Sommer ja nun wirklich nicht!

Frau1: Aber: Gott danken, das ist doch total altmodisch. Heute gibt es doch High-Tec-Trecker und Beregnungsanlagen und alles…

Frau 2: Und doch hängt viel am Wetter in der Landwirtschaft; und das war dies Jahr nicht so schlecht; und die Ernte war auch ganz gut – vor allem auch in der Qualität…

Frau 3: Also gut, ich komme Sonntag.

Frau 1: Ja, wir kommen auch. Aber ich wette mit Euch: Bestimmt machen sie dann auch wieder so eine Sammlung. Ich kenne die Brüder…

Frau 2: Aber wenn´s für einen guten Zweck ist, dann ist es doch auch in Ordnung: Wenn man dankt, dann gibt man auch gerne etwas ab an die, die nicht genug zum Leben haben…

Frau 3: Und der Pastor sagt dann bestimmt wieder: Er will eine stille Kollekte, eine, die raschelt, eine aus Papier, eine ohne Metall…

Frau 4: Und wenn schon. Eigentlich hat er ja auch Recht. 6 Euro fürs Kino plus Speisen und Getränke, das findet jeder günstig; aber mehr als einen Euro in die Kollekte zu tun, das findet man dann teuer. Nun seid mal nicht so knauserig. Und denkt dran: „Einen fröhlichen Geber hat Gott lieb!“

Frau 1: Ja, ja spotte Du nur; aber irgendwie hast Du natürlich auch recht…

Erntedankfest: Eine Betrachtung zur Erntekrone

(Als Monolog oder mit verteilten Rollen für 4-6 Personen)

Diese Erntekrone haben Landfrauen aus unseren umliegenden Dörfern letzte Woche in Handarbeit selber hergestellt.
Die Krone besteht aus vier Teilkronen aus je verschiedenem Getreide.
Jeder dieser vier Teile steht für ein wichtiges Gefühl, das die Ernte bei denen auslöst, die sie eingebracht haben.

Die erste der vier Seiten der Ernte-Krone steht für die Freude!
Wir können uns darüber freuen, dass wieder eine erfolgreiche Ernte gegeben hat.
Wir können uns freuen, dass das, was die Landwirte gepflanzt und gesät haben, viel Frucht getragen hat!
Wir können uns freuen, dass Gott Vieles hat gedeihen lassen und dass die Landwirtsfamilien für ihre harte Arbeit mit der Ernte wieder gut belohnt wurden.

Die zweite der vier Seiten der Ernte-Krone steht für den Dank!
Wir können dankbar dafür sein, dass es genug Regen gegeben hat und genug Sonne in diesem Jahr.
Wir können den Landwirten dankbar sein, dass sie all die Arbeit für uns gemacht haben, die nötig ist, wenn in unserm Land keiner hungern soll.
Wir können Gott dankbar sein, dass er Wachsen und Gedeihen geschenkt hat.
Und wir können Gott dankbar dafür sein, dass er den Landwirtsfamilien genug Intelligenz und Forschersinn gegeben hat, dass sie auch technische Hilfsmittel zur Verfügung haben und diese geschickt und gut einsetzen, so dass Wetterflauten z. B. mit Beregnungsanlagen auch mal ausgeglichen werden können.

Die dritte der vier Seiten der Ernte-Krone steht für die Sorge!
Man kann sich mit Recht Sorgen darüber machen, dass viele Menschen gar nicht mehr wissen, wo all die Lebensmittel eigentlich ursprünglich herkommen.
Dass sie die so sehr wichtige Arbeit der Landwirtsfamilien kaum noch wahrnehmen.
Dass ihnen teils wohl gar nicht klar ist, was passieren würde, wenn es bei uns keine Landwirtschaft mehr gäbe.
Dass Viele gar nicht merken, was der Unterschied zwischen Massenware vom Discounter und regional erzeugten Produkten direkt vom Bauernhof ist.
Dass Viele alles nur immer billig, billig, billig haben wollen – egal wo es herkommt und was es enthält…

Die vierte der vier Seiten der Ernte-Krone steht für die Hoffnung!
Wir können als Christenmenschen darauf vertrauen, dass Gott seine Schöpfung liebt und dass er uns Menschen intelligent genug gemacht hat, dass wir vernünftig mit der Umwelt und den landwirtschaftlichen Produkten umgehen.

Wir hoffen mit den Landwirtsfamilien, dass die Menschen in unserem Land erkennen, was gute Produkte sind und dass die auch ihren Preis haben.
Wir sind guter Hoffnung, dass Gott Einsicht und Dankbarkeit schenken wird,
so dass wir alle merken, wie wichtig gute Nahrung ist und wieviel davon genau bei uns davon geerntet wird.

Und schließlich ist da der Ring, der alle vier Seiten zusammenbindet:
Er ist ein Symbol für die vier Jahreszeiten:
Für das Säen im Frühjahr, das Reifen im Sommer, das Ernten im Herbst und das Vorbereiten, das Abwarten und das Nachdenken im Winter.
So gehen die Gefühle nicht nur der Landwirte mit uns durch die Jahreszeiten: die Freude, der Dank, die Sorge und die Hoffnung, dass mit Gott alles gut wird.

Apostel-Interview (Hintergrund: Gal. 2,1-10)

Stück für vier Personen: Interviewer/in, Petrus, Johannes, Jakobus
Szene: Man kann dieses Interview einfach mit verteilten Rollen und einer entsprechenden Verkleidung spielen. Alternativ dazu kann man auch den Holz-Skulpturen-Zyklus „Die 12 Apostel“ des Munsteraner Künstlers Wladimir Rudolf beim ihm, z.B. für eine Bibelwoche, ausleihen und mit mehreren der 12 Jünger, die er in Originalgröße aus Holz geschaffen hat, „Interviews“ führen...

Interviewer: Guten Abend, Petrus, oder soll ich lieber sagen: Schalom, Kephas!? Da scheint Ihr ja ein Herz und eine Seele gewesen zu sein, damals in Jerusalem, bei der Apostelversammlung mit Paulus und seinen Leuten. War das wirklich so?

Petrus: Sag einfach Simon zu mir! Petrus oder Kephas, das sind nur Zusätze zu meinem Namen. Sie sollen zeigen, dass Jesus seine Kirche auf die urchristliche Gemeinde gebaut hat, also auf Menschen. Trotzdem, das soll der Zusatz „Fels“ in griechischer oder auch aramäischer Sprache bedeuten, hat er damit nicht auf Sand, sondern auf festen Untergrund gebaut. Also, bei der damaligen Apostelversammlung ging es darum, wer wo missionieren sollte, vor allem darum, ob nur in jüdischen, oder auch in heidnischen Gebieten die Sache Jesu gepredigt werden sollte. Und Paulus hatte damit ja sowieso schon längst begonnen. Er hatte längst schon auf Zypern, in Pisdien und sogar in Kappadozien gepredigt, und da gab es doch kaum Juden...

Interviewer: Schalom Johannes! Ihr wart eine von den drei Haupt-Autoritäten, der sogenannten drei Säulen der Christengemeinde in Jerusalem, sagt Paulus.

Johannes: Ja, da hat er recht. Das war so. Irgendwie hat es sich so herausgeschält, dass wir nach Jesu Auferstehung nach und nach diejenigen der Jünger wurden, die allgemein als Sprecher der Gemeinde anerkannt wurden. Und wir haben uns mit ihm und seinen Begleitern, Barnabas und Titus, ja auch ganz gut verstanden, damals. Aber er hat unsere Gastfreundschaft an einigen Stellen doch etwas missverstanden in jenen Tagen. Er hatte es mit der Heidenmission wohl so verstanden, dass die jüdischen Reinheitsgebote für neu-gewonnene Jesus-Anhänger außerhalb Israels gar keine Rolle mehr spielen sollten. Wir hatten ihm eine Geldsammlung für die Gemeinde der Christen in Jerusalem wärmstens empfohlen, und er dachte nun wohl, er könne sich und seine Leute dadurch von der Einhaltung unserer jüdischen Gesetze freikaufen. Dabei hat er aber völlig übersehen, dass wir Jünger von früher her größtenteils Fischer, aber eben ganz gewiss keine Schweine-Hirten gewesen waren. Und seine Leute aßen dann so unaussprechliche Sachen wie Spanferkel oder Eisbein oder Krabbensalat... So hatten wir uns das natürlich nicht vorgestellt...

Interviewer: Schalom Jakobus! Ihr bekamt nach der Apostelversammlung Probleme mit den anderen Jerusalemer Juden, mit denen ihr zusammen ja nach wie vor den Tempel besuchtet?

Jakobus: Ja, das stimmt. Die sagten: „Seid Ihr verrückt geworden? Da missionieren Leute in Eurem Namen und erzählen dem Volk, unser Gesetz sei egal!" Und wir erkundigten uns bei unseren Mittelsmännern, ob da was dran sei. Und es schien tatsächlich so zu sein. Und als wir dann in deren Missions-Zentrum in Antiochien vorstellig wurden, kriegten wir auch noch ziemlich unhöfliche Antworten, vor allem von Paulus. Das ist aber längst vergessen. Er ist letztlich genauso von den heidnischen Römern hingerichtet worden wie die meisten von uns Jüngern auch. Wichtig bleibt letztlich nur:
Wem sein Glaube wichtig ist, der soll darüber nicht schweigen, sondern ihn mutig weitersagen...

Judas-Interview

(Interview mit Reporter/in und Judas)
Szene: Interview mit einem als Judas verkleideten Menschen oder mit der gleichnamigen Holzplastik des Munsteraner Künstlers Wladimir Rudolf, wie schon bei „Apostel-Interview"!

Frage: Hallo Judas! Sag mal, wie ist das eigentlich gekommen, dass Du Deinen Meister so einfach verraten hast? Hattest Du Geldprobleme oder hast Du Dich von Anfang an bei den Jüngern nur mit eingeschlichen oder was war in Dich gefahren, als Du Jesus ans Messer geliefert hast ? Schließlich wart Ihr drei Jahre lang zusammen durchs Land gezogen und habt doch eigentlich immer gut zusammengehalten, oder?

Judas: Ja, schon! Aber mit Jesus wurde es im Laufe der Zeit immer komplizierter. Erst hat er sich ja doch immer sehr für die Armen und Unterdrückten eingesetzt. Und ich dachte, er würde dem Land Frieden und soziale Gerechtigkeit bringen. Und so sah es lange Zeit ja auch aus. Er heilte Aussätzige, aß mit Zöllnern und anderen Gruppen am Rande der Gesellschaft, und verhieß den Armen das Himmelreich. Aber dann war da diese Sache in Betanien, kurz bevor wir in Jerusalem das Abendmahl miteinander feierten.

Frage: Was meinst Du mit der „Sache in Betanien"?

Judas: Na ja, da war doch diese Frau im Hause des Simon, wo wir zu Gast waren. Diese Frau wollte unsern Jesus mit einem sündhaft teuren Salböl salben, und er hat es einfach zugelassen. Und als wir Jünger – das war ich ja nicht als Einziger – uns darüber bei ihm beschwert haben, da hat er zu uns gesagt: „Arme habt Ihr allezeit bei Euch, mich aber habt Ihr nicht allezeit."
In dem Moment habe ich beschlossen, ihn ans Messer zu liefern. Er hatte alles verraten, was mir heilig war. Das Geld spielte dabei nur insofern eine Rolle, als ich es den Armen geben wollte, je mehr desto besser...

Frage: Und dann hast Du ihn verraten...

Judas: Ja, dann habe ich ihn verraten und habe 30 Silberlinge dafür bekommen.

Frage: Und als dann das Abendmahl stattfand: Wie hast Du Dich da gefühlt?

Judas: Da wusste ich schon nicht mehr ganz genau, ob das richtig war, was ich da angeleiert hatte. Aber gesagt ist gesagt. Also musste ich ihn mit einem Bruderkuss verraten.

Frage: Warum mit einem Kuss ?

Judas: Na ja, eigentlich weil wir Jünger uns oft mit dem Bruderkuss begrüßten und das einfach eine unauffällige Methode war. Aber vielleicht hatte es auch noch andere Gründe. Ich war ja ein glühender Anhänger von ihm gewesen und Liebe und Hass sind ja oft dicht beieinander, wenn einer einen so dermaßen enttäuscht, wie das bei ihm war...

Frage: Und bist Du nun zufrieden mit dem, was Du getan hast ?

Judas: Nein, komischerweise überhaupt nicht. Ich glaube, das wird alles kein Gutes Ende nehmen. Vielleicht gebe ich das Geld auch einfach zurück. Ich weiß es noch nicht. Ich glaube, ich muss noch mal ganz neu nachdenken. Irgendwie verstehe ich den Jesus jetzt noch weniger: Beim Abendmahl hat er mir noch gedroht und nun hat er sich einfach so festnehmen lassen. Er hat mir zugenickt, als ob nun alles in Ordnung wäre, und Petrus hat er ausgeschimpft, er solle ihn bitte nicht mit dem Schwert verteidigen. Wenn ich nur begreifen könnte, was das alles soll. Mir ist das zu hoch, aber gut geht es mir nicht...

Gespräch von Lydia und ihrer Mitarbeiterin Mara nach dem ersten Zusammentreffen mit Paulus, Silas und Timotheus

(Stück für zwei Personen: Lydia und Mara)

Lydia: Sag mal, Mara: Wie fandest Du diese drei Missionare?

Mara: Den mit der Glatze, der ja wohl der Chef war, den fand ich ein bisschen komisch. Die anderen beiden, also die Jüngeren, fand ich ganz nett. Obwohl: Allzu viel gesagt haben diese beiden ja nun gerade nicht. Aber sie machten einen netten Eindruck...

Lydia: Ich meinte eigentlich nicht, wie Du die drei vom Aussehen her fandest, sondern von dem her, was sie wollten.

Mara: Das meinte ich ja! Der Ältere hat so viel geredet und auch so merkwürdige Sachen erzählt, was er geträumt hat und so... Na ja, das fand ich irgendwie komisch, wenn Du mich schon fragst...

Lydia: Ich fand es erstaunlich, dass er so ehrlich und so offen zu uns gesprochen hat. Er kannte uns doch bis dahin überhaupt nicht.
Und ich habe mich sehr gefreut, als er gesagt hat, dass bei den christlichen Versammlungen Männer und Frauen, wie auch Herren und Sklaven gleichberechtigt sind. Das finde ich schon sehr reizvoll.

Mara: Aber wir haben hier als Frauen doch auch sehr schön zusammen gebetet. Beten kann man auch ohne Männer sehr gut, finde ich.

Lydia: Ja, das schon! Aber ein richtig gültiger jüdischer Gottesdienst kann nur gefeiert werden, wenn mindestens 10 erwachsene jüdische Männer anwesend sind. So sind wir immer nur ein gottesfürchtiger Gebetskreis, wenn wir uns sonntagmorgens am Fluss miteinander treffen. Wenn wir zu den Christen gehören würden, dann könnten wir jederzeit ganz offiziell Gottesdienst feiern, egal wie viele oder wenige Leute da sind. Auch egal, wie viele von ihnen Männer sind.

Mara: Also Lydia, wenn Du das so siehst, dann solltest Du Dich vielleicht taufen lassen, oder?

Lydia: Ja, das überlege ich tatsächlich. Aber erst einmal will ich mich über diesen neuen Glauben nochmal etwas genauer informieren lassen. Ich habe mich mit Paulus für übermorgen noch einmal verabredet.
Dann gibt es weitere Informationen übers Christentum.
Ich finde, Du und meine anderen beiden Mitarbeiterinnen, solltet mit dabei sein: Erstens ist das schicklicher! Und außerdem wollte ich mich eigentlich nicht alleine taufen lassen demnächst. Wenn Taufe, dann für uns alle vier! Claro ?

Mara: Wie Du meist, Chefin! Aber was ist mit den beiden jungen Mitarbeitern von Paulus? Kommen die auch mit zur Besprechung?

Lydia: Ja, natürlich. Die sind doch ein Team!

Mara: Oh, das ist gut. Vielleicht schaffen wir es dann ja auch mal, dass die beiden auch etwas sagen.

Lydia: Das schafft Ihr bestimmt. Lasst ein wenig Euren Charme spielen, dann werden sie Euch sicher gerne erläutern, was auch immer Ihr wollt.

Mara: Na, denn!

Interview mit einer brennenden Tauf-Kerze

(Stück für zwei Mitwirkende: Pastor/in + Stimme einer Kerze)

Pastor: Wie schön, dass wir hier in der Ecke unseres Altarraumes solch eine schöne Kerze haben, die uns immer wieder daran erinnert, dass wir getauft sind!

Kerze: Ich selber bin nicht schön und auch nicht wichtig.

Pastor: Hey, was war das denn?

Kerze: Ich bin die Kerze, von der Du eben gesprochen hast. Und ich bin überhaupt nicht wichtig!

Pastor: Doch, doch! Wenn Du nicht da wärst, würde hier etwas fehlen, finde ich.

Kerze: Ich sage es noch einmal: Ich selber bin wirklich nicht wichtig. Was hier fehlen würde, wäre bestenfalls das Licht, das ich ausstrahle...

Pastor: Das meine ich ja! Und dieses Licht scheint besonders hell da, wo es drum herum dunkel ist.

Kerze: Das stimmt. Da hast Du Recht! Die Finsternis ist nicht mehr Finsternis, wenn ein helles Licht in ihr scheint...

Pastor: Ja, und das gilt nicht nur für dunkle Ecken in einer Scheune, sondern auch sonst...

Kerze: Da hast Du recht, Pastor! Und das kann man an einer Taufkerze wie mir besonders gut erkennen.

Pastor: Und woran erkennt ein normaler Mensch, dass ein Licht so wertvoll fürs Leben ist?

Kerze: Also; ich erkläre es dir: Eine Taufkerze, wie ich, wird ja erstmals zur Taufe eines Menschen angezündet, und das geschieht nicht mit einem Streichholz oder einem Feuerzeug: Beim ersten Mal wird die Taufkerze an einer anderen Kerze entzündet, und zwar an der Osterkerze, die fast jede Kirche in ihrem Altarraum stehen hat. Etwas vom Auferstehungslicht dieser Osterkerze geht dann auf mich über und macht mich erst wirklich zu einer Tauf- und Tauferinnerungs-Kerze.

Pastor: Und darüber freut sich der Mensch dann?!

Kerze: Ja, das vielleicht auch. Aber vor allem erinnert ihn das Licht, das ich trage, immer wieder an das Licht von Jesus, der gesagt hat: „Ich in das Licht der Welt! Wer mir nachfolgt, wird nicht wandeln in der Finsternis, sondern wird das Licht des Lebens haben.“

Pastor: Das kann einem Mut machen, wenn man in Problemen steckt oder ungelöste Fragen mit sich herum trägt!

Kerze: Ja! Und daran erinnert einen das Licht!

Pastor: Da ist es ja eine gute Sitte, dass manche Familien die Taufkerze immer am Jahrestag der Taufe, z. B. am Frühstückstisch entzünden, und an die Taufe zurückdenken und natürlich auch an Gott denken in dem Moment...

Kerze: Ja, dazu sollen Kerzen wie ich ja auch da sein. Aber man kann mich auch an anderen Tagen ruhig mal entzünden und ein bisschen über das Leben und vielleicht auch über Gott nachdenken. Probier es aus, Pastor! Du wirst sehen: Das ist gut für Dich und auch für Viele andere...

Pastor: Vielen Dank. Ich werde drüber nachdenken. Jedenfalls weiß ich jetzt, dass du nicht nur zur Zierde für den Altarraum da bist...

Interview des mobilen Taufengels in der St. Urbani-Kirche Munster

(Stück für zwei Personen: Interviewer/in und Stimme eines Taufengels)
Setting: Ein Gottesdienst mit Taufe, mit einer Engelsskulptur des Munsteraner Holzkünstlers Wladimir Rudolf (die bei ihm auch ausgeliehen werden kann), sowie dem Thema „Was leistet die Diakonie?"(als Beispiel: die Diakoniestation Munster)

FragerIn: Guten Morgen, lieber Engel!
Muss ich eigentlich Herr Engel sagen oder Frau Engel?

Engel: Einfach Engel, das genügt. Ich bin ein ganz normaler Engel.

FragerIn: Ich glaube, Du bist neu hier. Bei der Konfirmation im Frühjahr z.B., da warst Du jedenfalls noch nicht da! Wo kommst Du her und was machst Du hier?

Engel: Ich bin zu Besuch hier in der St. Urbani-Kirche. Ich gehöre in das Rahmen-Programm der Glasausstellung und bin von Wladimir Rudolf angefertigt worden. Ich glaube, ich soll hier neben dem Taufbecken so was wie ein Tauf-Engel sein: einer, der zeigt, dass die Täuflinge von Gott und seinen Boten behütet und bewahrt werden.

FragerIn: O, dann passt das mit der Taufe der kleinen Johanna heute ja wirklich gut damit zusammen, dass Du gerade da bist.

Engel: Ja, das stimmt. Aber ich habe nicht nur mit Täuflingen zu tun: Ich habe ja außer meinen Flügeln zur Bewegung auch noch ein Rad…

FragerIn: O, das hatte ich noch gar nicht gesehen. Ja, stimmt!!! Du bist also ein ganz besonders mobiler Engel?!

Engel: Ja!!! Ein bisschen stehe ich hier auch als Symbol für die Hilfe, die die mobilen Hilfsdienste für die Menschen leisten: Zum Beispiel die Mitarbeiterinnen der kirchlichen Diakoniestation hier in Munster. Die sind für manchen älteren oder kranken Menschen auch so etwas wie Engel: Boten, die von der Welt draußen etwas erzählen, die pflegen und die manchmal auch trösten…

FragerIn: Ach, ja. Auf dieses Symbol wäre ich von alleine vielleicht gar nicht gekommen. Aber ich finde es sehr einleuchtend. Aber sag mal: Du siehst so stark und fast schon unverwüstlich aus: Ist es nicht auch anstrengend, immer im Dienst am Nächsten von Haus zu Haus unterwegs zu sein.

Engel: Ja, natürlich, aber das ist ein Thema, über das meine Engelskollegen da drüben viel mehr sagen können…

Anspiel über David + Batseba

(Stück für 2 Personen)
Szene: auf einem belebten Markt in Jerusalem etwa 990 vor Christi Geburt…

P.1: He, hast Du schon gehört, was mit König David passiert ist?
P.2: Nein. Aber ihm wird doch wohl nichts zugestoßen sein?
P.1: Das nun gerade nicht. Aber gut war diese Sache für ihn auch nicht gerade…
P. 2: Welche Sache?
P. 1: Na ja: Das mit der Batseba…
P. 2: Was mit der Batseba? Nun lass dir doch nicht jedes Wort aus der Nase ziehen!
P.1: Na ja: Die fand er doch so klasse. Er hat sie von seinem Dachgarten aus im im Nachbarhaus baden sehen. Und da hat er sich von einer Sekunde zur anderen total in die verliebt.
P. 2: Das kommt bei ihm ja öfter vor…
P. 1: Ja, aber diesmal ging es total mit ihm durch!
P. 2: Will heißen… ?
P. 1: Er hat sie zu sich eingeladen, auch über Nacht, obwohl sie eine verheiratete Frau war…
P. 2: Und: Ist sie der Einladung gefolgt?
P. 1: Ja, allerdings, und danach war sie dann schwanger!
P. 2: Von ihm? Von König David?
P. 1: Ja, klar. Ihr Mann war doch im Krieg, der hatte sie doch lange Zeit gar nicht gesehen!
P. 2: Und dann?
P. 1: Na ja: David hat Betsebas Mann, der Uria heißt, aus dem Krieg zum Heimat-Urlaub anreisen lassen und zu Batseba geschickt.
P. 2: Ach so! Und dann sollte Uria später denken, das Kind sei doch von ihm.
P. 1: Genau!
P. 2: Das ist aber ein ganz schön krimineller Plan!
P. 1: Ja, klar! Aber der Plan ging nicht auf!
P. 2: Wie meinst Du das?
P. 1: Na ja: Uria war so begeistert darüber, dass sein König ihn mitten im Krieg zu sich rufen ließ, um ihm einen Bericht über den Stand des Krieges zu geben, dass er lieber mit den anderen Fronturlaubern vor der Tür schlief und so seinem König die Ehre erwies.
P. 2: Und dann?
P. 1: Dann machte David einen neuen Plan: einen totsicheren sozusagen!!!
P. 2: Und wie sah der aus?
P. 1: Er ließ dem Kompaniechef von Uria sagen, er soll diesen guten Kämpfer in die erste Kampfreihe stellen lassen, und zwar immer!!!
P. 2: Wollte er, dass Uria stirbt?

P. 1: Na ja, er war jedenfalls nicht dagegen…

P. 2: Das ist ja Mord!

P. 1: So kannst du das nicht sagen, und vor allem nicht so laut! Schließlich ist David unser König und hat seine Leute überall… Verstehst du?

P. 2: Ja, so langsam beginne ich zu begreifen… Und wo ist Uria jetzt?

P. 1: Tot! Im Krieg gefallen. Für Volk, Vaterland und für David!

P. 2: Stimmt das wirklich?

P. 1: Ja, leider! Er ist inzwischen im Krieg gefallen. Und David hat Betseba angeblich schon geheiratet; im engsten Familienkreis; ihr Sohn ist nun tatsächlich auch sein Sohn, und das ganz offiziell!

P. 2: Und was ist die „Moral von der Geschicht"?

P. 1: Von Moral kann ich da leider nicht viel erkennen; aber ich glaube nicht, dass unser Gott, der ihn zum König ausersehen hatte, das so einfach hinnehmen wird.

P. 2: Na, das wäre ja auch was…

Konfi-Gespräche über das Gleichnis von den anvertrauten Talenten

(Stück für drei Personen)
Szene: draußen, nach einer Religionsstunde

Schüler 1: Also, diese Geschichte mit den anvertrauten Talenten, die finde ich ziemlich merkwürdig!
Schüler 2: Ja, und eigentlich auch ganz schön ungerecht!
Schüler 3: Wieso?
Schüler 1: Weil der eine Mensch, der doch nur das Beste wollte, als er seine Gabe vergraben hat, dann so einen Ärger mit seinem Chef bekommt.
Schüler 3: Na ja, er hat ja auch überhaupt nichts gemacht mit dem, was er erhalten hatte.
Schüler 2: Also: Immerhin hat er es nicht verspielt und er hat es auch nicht für sich selber genommen…
Schüler 3: Weil er feige war, darum hat er seine Gabe vergraben!
Schüler 1: Das glaube ich nicht. Ich glaube, er hat seinen Chef einfach sehr geachtet und wollte ihn nicht enttäuschen. Deshalb hat er sein Talent sicherheitshalber vergraben…
Schüler 2: Ich hätte das an seiner Stelle wahrscheinlich genau so gemacht…
Schüler 3: Aber trotzdem war sein Chef am Ende sauer auf ihn…
Schüler 1: Ja, warum eigentlich? … und was bedeutet es überhaupt, wenn da gesagt wird: Der eine bekam 5 Talente, der andere 2 Talente und der letzte ein Talent.
Schüler 2: Also: Unser Lehrer hat ja gesagt, ein Talent, das wäre früher in Israel eine Geld-Einheit gewesen: Die haben also Geld zum Aufbewahren bekommen, ziemlich viel Geld sogar…
Schüler 3: Genau: Und da sollten sie halt mit arbeiten und da hatte der eine mit dem einen Talent eben keine Lust zu gehabt…
Schüler 1: Ja, kann sein…
Schüler 2: Aber vielleicht meint Jesus mit „Talent" ja auch tatsächlich Talente, wie wir sie heute kennen: Einer hat ein Talent zum Singen; eine kann gut mit Kindern umgehen; einer kann gut Gedichte erfinden usw. …
Schüler 1: Dann hat der eine praktisch nicht Geld vergraben, sondern er hat ein Talent gehabt, das Gott ihm geschenkt hat, und das er einfach nicht weiter beachtet hat…
Schüler 2: Ja, so könnte die Geschichte Sinn machen…

Anspiel zum Thema: „Gottesdienst: Was bringt mir das?"

Anspiel für 5 Personen + Erzähler

Szene: Montagsmorgen auf einem norddeutschen Schulhof (wurde von den Konfirmanden zum Vorstellungsgottesdienst 2015 eigenständig erdacht!)

Erzähler: Montagmorgen in der Schule auf dem Pausenhof. Es unterhalten sich Maxi, Mira und Christina über das Wochenende…

Maxi: Und wie fandet ihr den Gottesdienst?

Mira: Ich fand den Gottesdienst ganz gut, aber durch das Abendmahl war er wieder viel zu lang.

Christina: Ich fand das Thema der Predigt langweilig, aber das Abendmahl hat mir, wie ihr wisst, wie immer gut gefallen.
(Maxi holt sein Handy raus!)

Maxi: Mira dann guck doch das nächste Mal in die Kirchenblatt-App und informiere dich darüber, was im Gottesdienst vorkommt!
(Mira nimmt das Handy)

Mira: Oh, guck mal: Nächste Woche ist Vorstellungsgottesdienst vom Bezirk Mitte.
(Max& Marcel kommen vorbei und bleiben beim Handy stehen bei „Vorstellungsgottesdienst".)

Max: Was ist das für ein komischer Gottesdienst?

Maxi: Im Vorstellungsgottesdienst stellen sich die angehenden Konfis der Gemeinde vor.

Marcel: Was ist das denn für ein Scheiß?

Christina: Das ist kein Scheiß, Alter! Wenn du keine Ahnung hast, halt den Mund!

Mira: Ja, da muss ich ihr Recht geben.

Maxi *(abfällig)*: Ihr wisst ja noch nicht mal, was ein normaler Gottesdienst ist.

Max: Na, dann hau mal raus!

Mira: In einem Gottesdienst geht es darum, dass …
(Marcel unterbricht Mira)

Marcel: Was ein Gottesdienst ist, weiß ich auch, aber was ist denn ein Vorstellungsgottesdienst?

Max: Stellt sich da der neue Pastor vor, oder was?

Christina: Nee nee,...da stellen sich die Konfis der Gemeinde vor, die demnächst Konfirmiert werden.

Max: Machen sich die Konfis da etwa zum Affen?

Maxi: Wir machen uns dort nicht zum Affen, sondern dürfen der Gemeinde zeigen, was wir alles im Konfi-Unterricht gelernt haben.

Marcel: Was bringt euch das?

Mira: Wir gehen in den Gottesdienst um unseren eigenen Glauben zu festigen, zu singen, den Herren Lob zu preisen, ihm zu danken und zu bitten.

Maxi: Und der Gemeinschaft wegen.

Christina: Müsst ihr selber wissen, ob ihr dahin kommt. Uns macht es jedenfalls Spaß.

(*Pause zu Ende, Christina, Maxi und Mira verlassen die Szene*)

Marcel: Das hört sich ja gut an, interessiert hat mich das ja irgendwie schon länger. Wollen wir da nicht mal hingehen und uns das angucken?

Max: Meinetwegen, es hört sich ja echt nicht so schlecht an.

Marcel (*schreit laut*) HALLELUJA!

Anspiel über Mk. 9,33-37

Bibeltext:
Jesus und seine Leute kamen nach Kafernaum und als sie im Haus waren, fragte Jesus seine Jünger: „Worüber habt ihr euch unterwegs gestritten?“
Sie schwiegen, denn sie hatte sich gestritten, wer von ihnen wohl der Bedeutendste wäre.
Da setzte Jesus sich hin, rief alle 12 zu sich und sagte: „Wer der Erste sein will, der muss sich allen andern unterordnen und ihnen dienen.“
Er winkte ein Kind heran, stellte es in ihre Mitte, nahm es in seine Arme und sagte: „Wer in meinem Namen solch ein Kind aufnimmt, der nimmt mich auf. Und wer mich aufnimmt, der nimmt nicht nur mich auf, sondern gleichzeitig den, der mich gesandt hat.“

Anspiel über obigen Text (Mk. 9,33-37)

(Stück für vier Personen)
Szene: Vier SchülerInnen stehen auf dem Schulhof zusammen…

Konfi 1: Na, das war mal wieder ein „toller“ Religionsunterricht: „Wer Chef sein will, muss sich allen anderen unterordnen“; soll Jesus gesagt haben. Aber was die Jünger darauf geantwortet haben, haben sie in der Bibel wohl lieber weggelassen. Jedenfalls wurde darüber nichts gesagt.

Konfi 2: Das ist ja auch kein Wunder: Wisst Ihr, was ich glaube, was passieren würde, wenn der Chef sich den anderen unterordnen würde: Ich glaube, dann würden die sich über ihn lustig machen und ihn verachten. Ein Chef muss auch mal durchgreifen, finde ich. Wenn unser Handballtrainer nicht von Zeit zu Zeit sagen würde, was wir zu tun haben, würden wir nur noch verlieren…

Konfi 3: Ja, das vielleicht schon. Aber er muss auch hinhören, was seine Leute gerade bedrückt oder auch, was sie gerade ganz besonders interessiert. Wenn er sie darauf anspricht, dann lachen sie ihn ganz bestimmt nicht aus.

Konfi 4: Genau: Dann fühlen sie sich verstanden. Und das stimmt ja auch. Dann sind sie auch eher mal bereit, auf das zu hören, was er mit ihnen – sozusagen als Team – vorhat.

Konfi 1: Ja, das mag ja sein. Aber was sollte das mit dem Kind, das er dann noch hoch gehoben hat?

Konfi 2: Na ja, er meinte wohl, dass kleine Kinder oft die heimlichen Chefs in einer Familie sind, weil alle sie niedlich finden. Das würde heißen: Nicht wer rumprotzt und angibt, ist der Chef, sondern wer die andern mit Charme und Freundlichkeit auf seine Seite zieht…

Konfi 3: Ja, da ist auf alle Fälle was dran. Aber was meint er denn damit, dass man so ein Kind bei sich aufnehmen soll? Kinder leben doch normalerweise bei ihren Eltern…

Konfi 4: Ja, meistens schon. Aber was heißt schon normalerweise? Früher haben sich Eltern eben auch schon manchmal getrennt und dann ist da ganz schnell mal ein Kind übrig, um das keiner sich richtig kümmern kann oder will…

Konfi 1: Ja, stimmt: Dann braucht das Kind einen Heimplatz oder eine Pflege- oder Adoptiv-Familie.

Konfi 2: Ja, heute. Aber früher gab es doch sowas bestimmt noch nicht. Da wurde dann wahrscheinlich in der weiteren Familie rumgefragt bei Onkels und Tanten usw.

Konfi 3: Ja, wahrscheinlich. Aber Jesus hat damals jedenfalls gesagt, auch die Jünger sollten sich anbieten, wenn ein Kind gar keinen mehr hätte, der sich drum kümmert…

Konfi 4: O Mann! Das hört sich ja verdammt aktuell an: Gerade jetzt kommen doch Leute aus Syrien und anderen Ländern zu uns. Und da sind auch Kinder und Jugendliche ohne Eltern dabei. Meinst Du, an die hat Jesus damals auch schon gedacht?

Konfi 1: So direkt wahrscheinlich nicht. So genau konnte er das vor 2000 Jahren ja doch wohl nicht im Voraus wissen.

Konfi 2: Nein, das glaube ich auch nicht. Aber, dass man sich um Kinder in Not kümmern soll, egal, in welcher Zeit man lebt; das meinte er ganz bestimmt. Und dass das eigentlich dasselbe wäre, als wenn man Gott höchst persönlich bei sich aufnehmen würde: Das meinte er auf alle Fälle!

Konfi 3: Gar nicht so schlecht, der Mann! Aber was, wenn ich gar nicht Chef sein will. Dann darf ich auch ein bisschen angeben, oder?

Konfi 4: Ja, das schon. Aber dann nimm Dich in Acht vor Deinen drei (!) Chefinnen!

Anspiel zum Thema „Messias“

(Stück für fünf Personen: 5 SchülerInnen und ein Rabbi)
Szene: Ein Schulhof in Nord-Israel im Jahr 29 nach Christi Geburt.
Vier Schüler unterhalten sich...

Schüler 1: Das war ja mal ein richtig interessanter Religionsunterricht gerade.
Schüler 2: Ja, mit aktuellem Bezug sozusagen!
Schüler 3: Wieso, was war denn? Ich war ja gerade beim Schularzt wegen der blöden Sportverletzung...
Schüler 4: Und ich hab ihn hingebracht. Der war aber auch doof umgeknickt mit seinem Fuß... Also: Was war denn nun so interessant. Unser Rabbi ist ja meistens eher etwas langweilig, nicht wahr?
Schüler 3: Das kann man wohl sagen!
Schüler 1: Also: Wir haben uns über die Weissagungen der Propheten aus unserer Heiligen Schrift unterhalten.
Schüler 4: Ach ja, die Propheten!
Sie heißen: Jesaja, Jeremia, Klagelieder Jeremias, Hesekiel, Daniel, Hosea, Joel, Amos, Obadja, Jona, Micha, Nahum, Habakuk, Zefania, Haggai, Sacharja, Maleachi.
Schüler 2: Du bist ein alter Streber!
Schüler 4: Aber ich ab recht, oder?
Schüler 3: Ja, du hast recht!
Schüler 1: Wollt Ihr die Geschichte jetzt hören, oder nicht?
Schüler 3: Doch! Klar!
Schüler 1: Also: Es ging um die Prophezeiung einiger der Propheten, dass eines Tages ein Gesalbter des Herrn, also ein von Gott besonders ausgesuchter und von ihm beauftragter König aus dem Hause Davids unserm Volk Israel Frieden und Wohlergehen bringen sollte.
Wenn dieser Gesalbte da ist, so sagen es Jesaja und Jeremia, dann soll des Friedens kein Ende mehr sein.
Und Micha sagt: Dann werden die Menschen nicht mehr lernen, Krieg zu führen oder sich sonst wie gegenseitig umzubringen.
Schüler 3: Das ist aber doch nicht neu. Es soll ein Gesalbter kommen, ein „Messias“, wie es in unserer Hebräischen Sprache heißt, ein „Christos“, wie die Griechen in ihrer Sprache sagen. Das steht doch seit Jahrhunderten in unserer jüdischen Heiligen Schrift.
Schüler 2: Ja, aber dann passierte im Unterricht etwas ganz Merkwürdiges:
Unser Rabbi sagte plötzlich: Diese Zeit ist nun erfüllt, und das schon seit fast 30 Jahren!
Schüler 4: Wieso?
Schüler 1: Weil vor 29 ½ Jahren in dem Winter, als die Römer überall im Land Ihre blöde Volkszählung durchführten, in Bethlehem ein Kind zur

Welt kam, dessen Vater Josef aus der Familie des Königs David kommt, der vor 1000 Jahren mal ein großer König in Israel gewesen; ist. Diesem Kind gelten alle diese Verheißungen, sagt unser Rabbi.

Schüler 3: Wie kommt der da denn drauf?

Schüler 2: Weil dieser Sohn von Maria und Josef seit ein paar Wochen seine Arbeit als Tischler hingeschmissen hat und nun als Wanderprediger durchs Land zieht. Er sagt: „Ich bin der Weg und die Wahrheit und das Leben; keiner kommt zum Vater, außer durch mich!"

Schüler 4: Was meint er denn mit Vater? Meint er den Josef?

Schüler 1: Nein, er meint den, dessen Namen wir nicht aussprechen dürfen und der uns alle geschaffen hat...

Schüler 3: Und: Wie viele Männer hat er unter Waffen? Könnte er es gegen die römischen Besatzer schaffen?

Schüler 2: Er hat 12 Männer dabei und einige Frauen; aber bewaffnet ist niemand von ihnen.

Schüler 4: Wie will der ein König sein, wenn er überhaupt keine Truppen hat? Das kann nicht funktionieren!

Schüler 1: Unser Rabbi sagt, er habe ihn bei einer großen Rede auf einem Berg hier in der Nähe vom See Genezareth gesehen und gehört. Er soll sehr ergreifend vom Frieden gesprochen und sogar Kranke geheilt haben. Und er ist tatsächlich ein Ur-Ur-Ur-Enkel vom König David.

Schüler 3: Aber ohne Truppen? Und ohne Power?

Rabbi : Na, redet Ihr über Jesus, den Messias, den Christus?

Schüler 1: Ja, so heißt er wohl, nicht wahr?

Rabbi: Ja, so heißt er, und er ist ein wundervoller Mensch. Mit ihm ist Gott als Mensch auf die Erde gekommen. Die Propheten hatten recht: Nun endlich ist der Messias da. Und der hat gewaltige Power!

Schüler 4: Das kann man aber auch ganz anders sehen!

Rabbi: Stimmt! Aber wenn Du ihn erlebt hättest, dann wüsstest Du: Das ist er! Das ist der Messias, der Christus. Und deshalb nennen ihn seine Anhänger inzwischen auch nicht mehr nur „Jesus aus Nazareth", wo er aufgewachsen ist, sondern: Jesus, den Christus, den Gesalbten Gottes.

Schüler 3: Aber, was ist, wenn Ihr tatsächlich Recht habt, Rabbi?

Rabbi: Dann gibt es jetzt zwei Möglichkeiten:
Entweder alle unsere jüdischen Mitbürger hier in Israel erkennen, dass Jesus von Nazareth der Christus, der Messias, ist.

Schüler 3: Oder?

Rabbi: Oder es merken nur ein paar unserer Mitbürger.

Schüler 4: Und das heißt?

Rabbi : Das heißt wir müssen eine eigene Religion gründen, und ich muss mir eine neue Stelle suchen. Aber das wird sicher nicht passieren...

Schüler 2: Und wenn doch?

Rabbi: Dann soll es so sein, und der Herr wird uns den richtigen Weg dann schon zeigen.

Schüler 1-4: Na, hoffentlich!

Spielszene Malawi

(Stück für 4 Personen, ursprünglich verfasst für die „Brot für die Welt"-Aktion 2016/17 zugunsten eines Wasser-Projektes in Malawi)
Szene: ein Schulhof in Deutschland

Schüler 1: Na, wie weit bist Du mit Deinem tollen Referat über Ruanda?
Schüler 2: Malawi!
Schüler 1: Was?
Schüler 2: Nicht Ruanda! Malawi!!!
Schüler 1: Ach so. Und: was hast Du herausgefunden?
Schüler 2: Na ja: Malawi ist ein Land im Südosten von Afrika. Es hat 16,5 Millionen Einwohner, die fast alle in kleinen Dörfern wohnen. Und die Hauptstadt heißt Lilongwe.
Schüler 3: Lilongwe? Redet Ihr gerade von Lilongwe, der Stadt in Malawi?
Schüler 1: Ja, wieso?
Schüler 3: Weil mein Patenonkel dort in den letzten Jahren öfter mal wochenweise zu tun hatte.
Schüler 2: Und daher kennst Du das Land ein bisschen aus Erzählungen?
Schüler 3: Na ja: Ich habe meinen Onkel in den letzten Sommerferien fünf Wochen dahin begleitet!
Schüler 2: Dann hättest Du mein Referat ja eigentlich gut auch halten können!
Schüler 3: Ja, wenn ich in Eurer Klasse wäre, hätte ich mich wahrscheinlich tatsächlich für dieses Thema gemeldet: Das ist nämlich ein super-interessantes Land!
Schüler 1: Und was hat Dein Onkel da zu tun? Geht es um weltweiten Handel? Oder was macht der da?
Schüler 3: Eher das Gegenteil!
Schüler 2: Wie meinst Du das?
Schüler 3: Na ja, Malawi ist eines der ärmsten Länder der Welt. Und mein Onkel arbeitet für „Brot für die Welt".
Schüler 1: Da kenne ich einen lustigen Spruch, den hatte mal einer an eine Hauswand gesprüht. Da stand dann: „Brot für die Welt. Die Wurst bleibt hier!" … Ist das nicht witzig?
Schüler 3: Naja. Geht so…
Schüler 1: Wieso?
Schüler 3: Na ja: „Brot für die Welt" heißt ja nicht, dass da Brot hin geschickt wird.
Schüler 2: Sondern?
Lehrer: Es heißt, dass da Hilfe zur Selbsthilfe geleistet wird! Den Leuten da wird in Kursen z.B. gezeigt, wie sie ihre Lebensmittel so anbauen und bewässern können, dass der Boden nicht ausgelaugt

wird und es trotzdem eine gute Ernte geben kann.

Schüler 3: Sie kennen sich ja gut aus!

Lehrer: Na ja, als Erdkundelehrer sollte ich von Früchteanbau, von Klima und von den Programmen der wichtigsten Hilfsorganisationen wohl schon ein bisschen Ahnung haben, oder?

Schüler 3: Ja, wahrscheinlich. Und wie finden Sie „Brot für die Welt" im Vergleich zu anderen.

Lehrer: Na ja, die sind schon sehr gut und sehr professionell. Sie haben in den Ländern, in denen sie sich engagieren, sachkundige Partner-Organisationen, die wiederum zumeist mit dortigen Kirchen in enger Verbindung stehen.

Schüler 1: Und dann schicken sie da Leute hin, die denen helfen, ja?

Lehrer: So ähnlich! Erstmal prüfen sie deren Projekt-Ideen und gucken, ob die dem Prinzip „Hilfe zur Selbsthilfe" entsprechen und ob die insgesamt so nachhaltig sind, dass sie Sinn machen. Und dann wird jemand dahin geschickt, der sich ansieht, ob das, was man sich da überlegt hat, mit den Menschen dort in der Region, für die es gedacht ist, funktioniert…

Schüler 3: So wie mein Onkel letztes Jahr, als ich mitgereist bin. Meine Eltern hatten mir den Flug zur Mittleren Reife spendiert. Die fanden das gut, dass mein Onkel mir mal was von seiner Arbeit zeigen wollte!

Schüler 2: Und wie war es da dann so?

Schüler 3: Na ja. Da gibt es viele arme Leute. Aber die geben nicht auf. Die sind voller Energie. Sie freuen sich über Besucher aus Europa und sind sehr gastfreundlich. Bei manchen Sachen, die wir da bei Besuchen zu essen bekommen haben, bin ich bis zuletzt nicht dahinter gekommen, was für Früchte und was für ausgefallene Beilagen oder Zutaten im Eintopf das eigentlich dann wirklich waren. Aber es war immer gut gewürzt und mir hat fast alles sehr gut geschmeckt.

Schüler 1: Und jetzt willst Du auch Entwicklungshelfer werden, oder was?

Lehrer: Nun lasst doch Euren Freund einfach mal ein bisschen in Ruhe. Nur weil er mal in Malawi war, muss er ja nicht gleich bei „Brot für die Welt" anfangen.

Schüler 3: Vielen Dank für Ihre Hilfe! Aber ich überlege seitdem tatsächlich, ob ich was mit Technik oder mit Landwirtschaft oder Forstwirtschaft studieren sollte, damit ich später zumindest für ein paar Jahre in der Entwicklungshilfe mitmachen kann, vielleicht tatsächlich auch mit den Menschen in Malawi. Meine Pastorin, bei der ich seit letztem Jahr im Jugendkreis mitmache, hat mir übrigens auch Mut gemacht, so etwas in der Art ruhig mal ernsthaft anzugehen…

Lehrer: In Erdkunde bist Du ja offensichtlich schon recht gut. Wenn Bio Dir auch liegt und Du bei uns einen schönen Schulabschluss machst, dann steht dem doch eigentlich nichts im Wege. Man kann übrigens über viele kirchliche Hilfswerke nach dem Schulabschluss auch ein freiwilliges soziales Jahr in einem der Länder machen, zu denen die gute Kontakte haben. Denk doch mal drüber nach!

Schüler 3: Das mache ich. Aber jetzt müssen wir zurück in den Unterricht. Und wir haben jetzt Mathe! Leider…

Anspiel für einen Tauferinnerungsgottesdienst zum Thema „Sturmstillung“

(Stück für vier Personen)
Szene: Vier Leute klettern in ein Boot: ganz rechts Jesus, in der Mitte Johannes und Jakobus, links Andreas…

Andreas: Und nun ? Ein Segeltörn im Sonnenschein ?
Jesus: Lasst uns hinüberfahren auf die andere Seite des Galiläischen Meeres.
Ich muss mich solange ein bisschen ausruhen. Ihr könnt mich wecken, wenn wir im Hafen von Tiberias angekommen sind. (*Legt seinen Kopf auf ein Kissen und döst ein.)*
Andreas: Wie Du willst... *(Das Boot gleitet über den See)...*
Andreas *(zu den anderen beiden*): Jesus hat wirklich wenig geschlafen in den letzten 14 Tagen. Wir wollen ihn mal in Ruhe lassen...
Johannes *(leise zu Jakobus*): Sag mal. Kommt mir das nur so vor, oder geht die Sonne da etwa gerade weg? Es war so ein schöner Tag bis jetzt...
Jakobus: Ja, es ziehen Wolken auf. Johannes, ich glaube Du musst die Segel fester in die Hand nehmen. Andreas, Du musst das Steuerruder besser festhalten.
Andreas: Bin ich hier der Kapitän, oder Du? Es nervt mich ziemlich, wenn Du dauernd herummeckerst. Ich weiß schon, wie ich ein Boot zu führen habe. Ich bin mit Fischerbooten unterwegs, seitdem ich denken kann...
... Das Problem sind übrigens nicht die Wolken, sondern der starke Wind. Und der wird mir langsam allerdings etwas zu doll!
Johannes (*laut*): Andreas, das Boot kippelt und läuft voll Wasser. Was machst Du da?
Andreas: Ich mache gar nichts besonderes. Es ist der Wind und es sind die Wellen, die immer höher werden.
Jakobus: Ich kriege langsam richtig Angst. Wieso weckt denn keiner den Jesus. Der schläft hier, und wir ertrinken schon fast. Johannes, tu was!
Johannes *(sehr laut*): Meister, Meister, wir kommen um. Hilf uns! Schnell!
Jesus (*etwas sehr schlecht gelaunt) erhebt sich, hält die rechte Hand übers Meer und sagt*: Ihr Winde, ihr Wellen und Wogen legt euch sofort!
(*Alle schweigen, die Jünger halten ihre Hände erschrocken und bewundernd zugleich vor ihre Wangen und starren Jesus an.)*
Jesus (*sagt zu ihnen*): Wo ist euer Glaube? *(und legt sich genervt wieder schlafen*)
Johannes (*halblaut zu den anderen beiden*): Wer ist dieser Mann Jesus? Sogar dem Wind und dem Wasser gebietet er, und sie sind ihm gehorsam.
Andreas: Tja, der Jesus, der schon was ganz Besonderes!

Ein Taufbecken erinnert sich... (Im Rahmen eines Tauferinnerungsgottesdienstes): Interview + Kurzansprache

„Interview“ mit einem Taufbecken (hier: in der St. Urbani-Kirche in Munster)

Pastor: Was würde unser Taufbecken wohl denken, wenn es all die Kinder und die Kerzen mit den Lichtern hier im Altarraum gerade hätte sehen können? Da wäre es sicher verwundert, wo die alle herkommen!

Becken: Quatsch !

Pastor: Was?

Becken: „Quatsch!“, habe ich gesagt. Ich kenne die doch, die sind doch fast alle mit meinem Wasser hier an mir getauft worden. Warum sollte ich verwundert sein?

Pastor: Ein Taufbecken, das spricht, oder was ?

Becken: Ja doch! Was meinst Du, wie viele Taufen ich schon miterlebt habe! Weit über 500 Jahre ist es her, dass ein Bronze-Gießmeister aus Lüneburg mich im Auftrag der St. Urbani-Gemeinde geschaffen hat. Damals war St. Urbani noch eine römisch-katholische Kirche.

Pastor: Wieso denn das ?

Becken: Weil Martin Luther, der die katholische Kirche reformieren wollte, das aber nicht schaffte und so schließlich die evangelische Kirche gründete, noch gar nicht geboren war. In jener Zeit waren alle christlichen Kirchen in Deutschland katholisch, so auch unsere. Und sie ist ja sogar nach einem Papst benannt worden in jener Zeit: nach Papst Urban!

Pastor: Ja, das stimmt allerdings.
Und, Du, liebes Taufbecken, hast also eine ganze Zeit lang katholische Taufen miterlebt, bis die Kirche dann etwa 100 Jahre, nachdem man Dich gegossen hatte (1432 nämlich), evangelisch wurde und man die evangelische Taufe einführte, stimmt´s?

Becken: Na ja: An der Tauf-Zeremonie änderte sich dadurch ja nichts. Wie man taufen soll, steht ja in der Bibel: Man soll Wasser nehmen und den Täufling auf den Namen des Vaters und des Sohnes und des Heiligen Geistes taufen. Das wird in der evangelischen und in der katholischen Kirche genau gleich gemacht. Die Taufe gilt in beiden Kirchen, denn es gibt da keine Unterschiede.

Pastor: Was schätzt Du, wie viele Kinder schon in Dir getauft worden sind?

Becken: Hier sind nicht nur Kinder, sondern auch Jugendliche und öfter auch schon Erwachsene getauft worden.

Pastor: Stimmt natürlich, da bin ich auch schon öfter dabei gewesen... Also: Wie viele Leute insgesamt: Was denkst Du?

Becken: Einige 1000 mindestens, vielleicht noch mehr. Allerdings war Munster ja nicht immer so groß wie heute. Und die Kirche ist erst vor etwa 125 Jahren auf die jetzige Breite vergrößert worden, weil die Kirche zu klein für all die Leute geworden war, die sonntags den Gottesdienst besuchen wollten.

Pastor: Und heute sind wieder zwei Kinder getauft worden...

Becken: Ja, das stimmt. Und ich bin jedes Mal froh, wenn ich wieder etwas dazu helfen kann, dass ein Mensch zu Jesus hingeführt wird.

Pastor: ... mit dem Wasser der Taufe sozusagen zur Quelle des Lebens.

Becken: Ja, genau. Zu Jesus, der die Quelle des ewigen Lebens ist!

Pastor: Vielen Dank für Deine freundlichen Auskünfte, herzlichen Glückwunsch zum Geburtstag und noch viele schöne Taufen!

Becken: Danke schön. Und Euch noch weiterhin einen guten Gottesdienst und ein fröhliches Tauferinnerungsfest!

Kurzansprache über das Taufbecken (zur Tauferinnerung u.a. für die Konfirmanden)

Hier steht unser Taufbecken.
Es wurde 1432 eingeweiht.
Die Zahl ist hier unten in römischen Ziffern eingegossen.
Das Taufbecken ist also fast 600 Jahre alt.
Donnerwetter!
Und Viele wurden in diesem Taufbecken schon getauft.
Sicher auch Viele von Ihnen und von Euch!
Darf ich mal sehen, wer von den heutigen Gottesdienstteilnehmern in diesem Becken getauft wurde??? (melden!!)
Ganz früher, vor etwa 1300 Jahren, war es üblich, dass die Taufbecken in den frühchristlichen Kirchen in einem Vorraum standen.
Damals durften nur Leute die Kirche betreten, die getauft waren.
Deshalb mussten die Taufen in einem Vorraum, einem sog. Baptisterium, stattfinden, eben damit kein Ungetaufter die Kirche betrat, nicht einmal um getauft zu werden.
Später hat man das dann geändert:
Seitdem dürfen Ungetaufte durchaus am Gottesdienst teilnehmen, nur beim Abendmahl können sie normalerweise noch nicht mitmachen.
Trotzdem ist das Taufbecken ein wichtiger Teil unserer Kirche: Hier werden die Menschen in die christliche Gemeinschaft aufgenommen, und zwar jeder, der will und der den Glauben an Jesus gut findet.
Daher gibt es in der Gemeinde auch sehr verschiedene Mitglieder, aber sie alle sind von der Taufe her gesehen gleich viel wert:
Männer und Frauen, Jungs und Mädchen, Einheimische und Zugereiste.
Sie alle, so sagt es Paulus an einer Stelle im Galaterbrief, sind durch die Taufe eins in Christus und alle gleich wichtig und gleich viel wert, so verschieden sie auch sind.
Zu der Zeit von Jesus und Paulus, als es ja auch z.B. noch Sklaven gab, war das eine Sensation; aber auch heute ist es gut, sich immer mal wieder daran erinnern zu lassen:
Jawohl: Vor Gott sind alle Menschen gleich viel wert!
Das Taufbecken als Gleichmacher ?
Warum eigentlich nicht? Amen.

Kurzansprache über die Kanzel (zum Konfirmanden-Einführungs- Gottesdienst in der St. Urbani-Kirche in Munster)

Die Kanzel ist der letzte der Orte, die wir uns in dieser Kirche heute anschauen.
Sie ist der Ort, von wo aus die Prediger und Predigerinnen versuchen, die Botschaft der Bibel möglichst so auszulegen und zu erklären, dass die Zuhörer irgendetwas davon gut für sich mit nach Hause nehmen können:
Sei es ein guter Gedanke, eine gute Idee, ein treffendes Wort, ein passender Vergleich oder was auch immer;
jedenfalls etwas, das ihnen hilft, einen Gedanken oder einen Hinweis aus der Bibel mit in ihren Alltag zu nehmen:
Seit der Zeit von Martin Luther ist die Predigt so sehr wichtig geworden, weil wir Evangelischen seit dieser Zeit sagen:
Nicht der Pfarrer erledigt die religiösen Angelegenheiten Gott gegenüber für die Menschen, sondern die Menschen sind selber dafür verantwortlich, wie sie mit Gott umgehen wollen und was sie ihm sagen wollen.
Die Prediger sind dafür da, den Menschen für ihr Gespräch mit Gott ein paar Hinweise zu liefern und ihnen die Worte der Bibel so nahe zu bringen, dass die Menschen für sich und ihr Verhältnis zu Gott daraus etwas Gutes machen können.
Ich selber predige sehr gern, und auch sehr gerne von dieser Kanzel aus, denn von hier aus kann man alle gut sehen und wird auch von allen gut gesehen und
gehört.
Und so haben wir heute verschiedene Stellen der Kirche angeschaut:
Das Taufbecken, (die Orgel, den Altar, die Plätze für die Gemeinde, das Pult und) die Kanzel.
So wie wir alle zusammen als Christenmenschen die Gemeinde Jesu, oder man kann auch sagen den Leib Jesu bilden,
so bilden diese verschiedenen Teile der Kirche zusammen den Bereich, in dem wir normalerweise gemeinsam unsere Gottesdienste feiern, den Innenraum der Kirche eben.
Und so wie diese verschiedenen Stellen in der Kirche alle etwas ganz Verschiedenes zum Gelingen eines Gottesdienstes beitragen,
so bringen auch die vielen verschiedenen Menschen, die zur Gemeinde gehören, alle etwas ganz Verschiedenes, was sie gut können, mit in unsere Gemeinde hinein.
Was das nun bei jedem Einzelnen ist, ist manchmal ganz schnell klar, manchmal muss man aber auch gemeinsam etwas länger darüber nachdenken, bis ein Mensch dann selber merkt, was er für ein gutes Miteinander selber mit beitragen kann.
Mit Euch Konfis werden wir z.B. genau dies in den nächsten Monaten versuchen heraus zu finden:
Wer für was geeignet sein könnte beim weiteren Aufbau unserer Gemeinde; wer ein Hobby hat, dfas man vielleicht auch in die Kirche mit einbringen kann.

Wer gerne andere leitet; wer gut die Probleme anderer mit denen besprechen kann; wer musikalisch gut drauf ist oder wer Eltern hat, die etwas gut können, das sie hier mit einbringen könnten.
Da gibt es ganz viele Möglichkeiten.
Ein Leib, viele Glieder: Das ist nicht nur in der Bibel so, sondern auch bei uns in unserer Kirchengemeinde; nur dass die einzelnen Glieder ihre Bedeutung für die Gemeinde noch nicht alle gefunden haben.
Aber da können wir ja gemeinsam dran arbeiten mit den Jugendlichen und gerne auch mit den Erwachsenen, die dazu Lust haben, denn auch da gibt es mit Sicherheit noch viele unentdeckte Talente bei ganz Vielen.
Freuen wir uns also auf ein schönes gemeinsames Konfirmandenjahr mit Kindern, Jugendlichen und Eltern auf der Suche nach ihrem Platz in unserer Gemeinde und damit auch im Leib Christi, an dem wir uns dabei ausrichten wollen. (Amen.)

Anspiel über Lukas 14, 15-24 (Einladung zum Gastmahl)

(Stück für 5 Mitspieler: ein edler Herr, ein Mitarbeiter, 3 Eingeladene)
Erste Szene: edler Herr erteilt in seinem Büro Auftrag an seinen Mitarbeiter;
Zweite bis vierte Szene: Mitarbeiter lädt dreimal ein + bekommt immer Absagen;
Fünfte Szene: Mitarbeiter berichtet seinem Herrn und bekommt neuen Auftrag;
Sechste Szene: Mitarbeiter berichtet von Erfolg und soll noch weitere einladen; Mitarbeiter macht sich auf den Weg; edler Herr bleibt sinnierend in seinem Büro zurück…

Erste Szene:
Herr: Elia, geh hinaus zu meinen Freunden und lade sie zu einem großen Fest-Essen am heutigen Abend in meinem Hause ein. Sagen wir: um 8 Uhr abends!
Mitarbeiter: Das mache ich gerne! Gibt es eine Einladungsliste?
Herr: Natürlich gibt es die. Hol sie Dir von meinem Ober-Sekretär und geh los! Beeil Dich!
Mitarbeiter: Ja, Herr!

Zweite Szene:
(Mitarbeiter läutet an einer Tür…)
Mitarbeiter: Schalom! Friede sei mit Dir! Mein Herr schickt mich. Ich soll Dir sagen, dass heute Abend in seinem Haus in der Davids-Straße Nr. 1 ein großes Fest-Essen stattfindet, zu dem Ihr eingeladen seid!
Eingeladener Nummer 1: O, was für eine schöne Idee! Schade nur, dass ich nicht kann!
Mitarbeiter: Warum denn nicht?
Eingeladener Nr.1: Ich habe gestern ein Grundstück günstig erworben. Heute muss ich es erstmal in Ruhe begutachten. Ich bitte Dich: Entschuldige, dass ich daher leider nicht am Festmahl teilnehmen kann!

Dritte Szene:
(Mitarbeiter läutet an einer weiteren Tür…)
Mitarbeiter: Schalom! Friede sei mit Dir! Mein Herr schickt mich. Ich soll Dir sagen, dass heute Abend in seinem Haus in der Davids-Straße Nr. 1 ein großes Fest-Essen stattfindet, zu dem Ihr eingeladen seid!
Eingeladener Nr. 2: Heute habe ich leider keine Zeit. Ich habe mir doch gestern 10 neue Ochsen für meinen Kutschen-Fuhrpark gekauft; heute gucke ich sie mir an und lasse sie mir dann sicher auch anliefern. Ich bitte Dich: Entschuldige, dass ich leider zu dem Festmahl nicht kommen kann!

Vierte Szene:
(Mitarbeiter läutet an einer weiteren Tür…)

Mitarbeiter: Schalom! Friede sei mit Dir! Mein Herr schickt mich. Ich soll Dir sagen, dass heute Abend in seinem Haus in der Davids-Straße Nr. 1 ein großes Fest-Essen stattfindet, zu dem Ihr eingeladen seid!

Eingeladener Nr.3: Oh, das ist heute ganz schlecht! Ich habe doch diese neue Frau kennengelernt. Mit der treffe ich mich heute! Da kann ich zu Eurer Feier Natürlich nicht kommen!

Fünfte Szene:

(Mitarbeiter betritt wieder das Büro seines Herrn…)

Herr: Ah, da bist Du ja wieder! Hast Du allen die Einladung ausgerichtet?

Mitarbeiter: Ja, das habe ich.

Herr: Und kommen alle?

Mitarbeiter: Nein, niemand: Einer hat ein Grundstück gekauft und will es anschauen. Einer hat 10 neue Ochsen gekauft und will sie angucken und abholen. Und einer will den Abend mit seiner neuen Frau verbringen…

Herr: Das kann ja wohl nicht wahr sein! Wir hatten so lange schon davon gesprochen, dass ich demnächst bei passendem Wetter zu einem großen Gastmahl einladen wollte. Und jetzt hat jeder genau an diesem Abend gerade etwas unglaublich Wichtiges zu tun, als ob man den Acker oder die Ochsen nicht am nächsten Morgen genauso gut anschauen könnte wie am Abend… Na gut! Dann geh noch einmal los: Geh zu den Armen, den Verkrüppelten und zu den Ausgestoßenen, mit denen sonst niemand etwas zu tun haben will. Lade sie alle zu meinem Fest-Mahl ein!

Mitarbeiter: In Ordnung, Herr! Das mache ich!

Sechste Szene:

(Mitarbeiter kommt zurück ins Büro seines Herrn…)

Herr: Na, was haben die Armen u. Kranken gesagt? Haben die auch keine Zeit?

Mitarbeiter: Doch, die haben zugesagt, und zwar alle! Es ist aber im Speisesaal noch Platz für weitere Personen…

Herr: Dann geh noch einmal los: Geh an die Landstraße außerhalb unserer Stadt und bitte auch dort die Leute, zum Festmahl zu kommen. Auch die, die auf der Durchreise sind, sind mir herzlich willkommen!

Mitarbeiter: In Ordnung! Ich mache mich auf den Weg! (*Mitarbeiter geht…)*

Herr: (*spricht zu sich selbst*): Gut, dann feiere ich mein großes Festmahl heute Abend mit denen, die sich über die überraschende Einladung gefreut haben, statt mir mit Ausreden zu kommen…

Und die, die angeblich keine Zeit hatten…

Na ja, die werde ich sicher nie wieder einladen; … selber Schuld…

(Herr schüttelt traurig den Kopf…)

Der Jünger Thomas für junge Leute (im Familiengottesdienst)

Liebe Kinder, liebe Eltern !
Die Geschichte, die wir gerade gehört haben, spielt ein paar Tage nach dem Tod von Jesus.
Die Jünger sind traurig, dass Jesus am Kreuz gestorben ist, sie treffen sich im Haus bei einem der Jünger und sprechen darüber, wie lieb sie Jesus gehabt haben. Nur der Jünger Thomas ist nicht dabei, er möchte an diesen für ihn sehr traurigen Tagen der Trauer alleine sein...
Zwei der Jünger, Petrus und Johannes, sind am Morgen noch einmal bei dem Felsengrab gewesen und haben festgestellt, dass der tote Jesus dort nicht mehr ist.
Sie haben dort, wo er hingelegt worden war, nur noch die Leinentücher gefunden, in die man ihn gewickelt hatte, und ein Schweißtuch, eine Art Stirnband, das er am Kopf getragen hatte.
Was sie davon halten sollen, wissen sie nicht so recht.
Dann ist Maria Magdalena zu ihnen gekommen und hat ihnen erzählt, dass der tote Jesus auferstanden ist, dass er mit ihr sehr freundlich gesprochen hat, als sie auch noch mal an dem Felsengrab.
Sie hat ihn zuerst für den Friedhofs-Gärtner gehalten, doch dann hat er zu ihr gesagt: „Maria“!
Sie hat geantwortet: Meister. Du bist es ja selbst!
Und Jesus hat ihr den Auftrag gegeben, den Jüngern zu sagen: „Ich fahre auf zu meinem Vater und zu Eurem Vater, zu meinem Gott und zu Eurem Gott!“
Am selben Abend, am Abend vom Ostertag, kommt Jesus plötzlich zu den versammelten Jüngern ins eigentlich verschlossene Zimmer, zeigt ihnen, dass er auferstanden ist, wünscht ihnen Frieden und hält ihnen eine kurze Rede über den heiligen Geist und über die Vergebung der Sünden, die die Jünger in Jesus Namen nun den Menschen erlassen dürfen.
Dann geht Jesus wieder weg.
Als die Jünger später ihren Jünger-Kollegen Thomas wieder treffen und ihm von Jesus erzählen und dass er auferstanden sein, da kann Thomas das so ohne weiteres erstmal nicht glauben.
Er sagt: Ich kann das nur glauben, wenn ich mit meinen Fingern seine Kreuzigungs-Wunden berühren darf, sonst kann ich es nicht glauben, dass es wirklich Jesus ist, der da zu uns spricht.
Als Jesus dann eine Woche später, wieder an einem Sonntag, erneut zu den Jüngern kommt, ist auch Thomas dabei.
Jesus sagt zu ihm: „Reiche deine Finger her und lege sie in meine Wunden!“
Da sagt Thomas: „Mein Herr und mein Gott!!“
Nun glaubt er es doch.
Jesus aber sagt zu ihm: „Weil Du mich gesehen hast, Thomas, glaubst Du. Selig sind, die nicht sehen, und doch glauben.“

In dieser Geschichte geht es darum, wie weit ich meinen Freunden und auch Gott vertrauen will und kann.
Jesus hätte es besser gefunden, wenn Thomas auch ohne sichtbare Beweise geglaubt hätte.
Aber Thomas war ihm doch so wichtig, dass er u.a. wegen im noch einmal zurückgekehrt ist und ihn auf diese Art überzeugt hat.
So sieht die Sache von Jesus her aus, wie sie von Thomas Seite aussieht, gucken wir uns später an. …

Der Jünger Thomas für Erwachsene (in einem Familiengottesdienst)

Liebe Gemeinde !
Thomas war, wie mir scheint, ein ziemlich moderner Mensch:
Er war bereit, sich für eine Sache ernsthaft und engagiert einzusetzen, wenn er davon überzeugt war, dass er der Welt wirklich etwas Gutes tun könnte.
So wurde er ein Jünger Jesu, zog mit ihm durchs Land und arbeitete mit ihm für das Wohlergehen und die Gesundheit der Menschen und vielleicht auch insgesamt für einen Neu-Start in seiner von den Römern besetzten Heimat.
Als der, auf den er alles gesetzt hatte, dann allerdings plötzlich tot war, da wollte er in Ruhe gelassen werden, wollte in Ruhe trauern, und dann vielleicht nach einer gewissen Zeit dann mal in einer anderen Richtung weiter schauen...
So hatte er sich das vorgestellt...
Doch dann kam alles ganz anders:
Wir haben es gerade schon ein paarmal gehört:
im Bibeltext, in der Nacherzählung, in dem Interview ...
Ich selber habe früher im Kindergottesdienst in meiner ostfriesischen Heimat gelernt, dass Thomas einen Fehler gemacht hat, als er auf Beweisen bestanden hat.
Der Pastor sagte, Thomas habe gleich glauben sollen, so wie Jesus ja auch gesagt habe:
„Selig sind, die nicht sehen und doch glauben!“

Die biblische Geschichte selbst und auch die weitere Geschichte des Christentums in der Zeit ganz bald nach der Entstehung der Bibel gibt uns aber auch noch eine zweite Antwort zum Thema Glauben und Wissen.

Denn Jesus hat ja durchaus zugelassen, dass Thomas seine Wunden überprüfen konnte.
Wir wissen zwar nicht, ob der dann seinen Finger tatsächlich in die Wunde gelegt hat, aber angeboten hat Jesus es ihm jedenfalls, so wichtig war Thomas ihm dann doch.
Thomas jedenfalls hat ihm nach der Begegnung mit ihm dann geglaubt, und er ist einer der wichtigsten christlichen Apostel und Missionare der ersten Zeit des Christentums geworden.
Er soll das Evangelium in den folgenden Jahren bis nach Indien gebracht haben, wo er auch das Martyrium erlitten haben soll, also letztlich sogar für seinen Glauben gestorben ist; jedenfalls nennen sich die dortigen Mitglieder christlicher Kirchen auch heute noch Thomas-Christen.
Thomas hat nicht gleich „hurra!“ gerufen, als man ihm erzählte, Jesus sei auferstanden.
Er wollte es genauer wissen.
Er wollte die Entscheidung für sein weiteres Leben gerne selber treffen, und Jesus hat das akzeptiert.
Das Ergebnis war ein begeisterter Apostel und Missionar.

Auch dieser Weg zum Christentum ist möglich; man muss seinen Verstand auch bei der Kirche nicht an der Garderobe abgeben. Ein wohl bedachter Glaube, der auch Zeiten des Zweifelns und des längeren Nachdenkens beinhaltet, muss nicht der schlechteste sein. (Amen.)

Fischzug-Anspiel (nach Lukas 5,1-11)

(Stück für fünf Personen: Wirtin mit Namen Mirjam; Kellnerin mit Namen Petra; ein Gast mit dem Namen Titus; zwei junge Fischer namens Matthias und Claudius)
Szene: ein Fischlokal am See Genezareth um das Jahr 40 n. Chr. herum. Ein Gast studiert die Speisekarte, die Kellnerin tritt an seinen Tisch…

Kellnerin (*zum Gast*): Was kann ich Ihnen bringen?
Gast: Ach, ich weiß es nicht. Was können Sie mir denn empfehlen?
Kellnerin: Also, wenn Sie ihn noch nie probiert haben, sollten Sie es mal mit einem Petrus-Fisch versuchen. Die haben viele Gräten, sind vom Fleisch her aber sehr lecker und kommen eben direkt hier aus dem See Genezareth.
Gast: Wieso nennt man diese Fische „Petrus-Fische"? hat es damit eine besondere Bewandtnis?
Kellnerin: Das kann Ihnen die Chefin erklären. Sie ist meine Mutter. Soll ich denn in der Küche einen Petrus-Fisch für Sie bestellen?
Gast: Ja, auf alle Fälle. Dazu nehme ich einen Weißwein vom Berg Karmel.
Kellnerin: Ja, gerne. Soll ich Ihnen die Chefin denn mal vorbei schicken?
Gast: Ich bitte sogar darum!
(*Chefin kommt von hinterm Tresen an seinen Tisch).*
Chefin: Was kann ich für Sie tun?
Gast: Ich habe Ihre Tochter nach der Bedeutung des Namens „Petrus-Fisch" gefragt. Sie meinte, Sie seien die Expertin dafür…
Chefin: Na ja. Expertin ist sicher zu viel gesagt. Aber der Name leitet sich von Simon Petrus ab. Der war früher hier als Fischer tätig, und ich bin seine Mutter.
Gast: Ach so. Und dann ist die Kellnerin seine Schwester.
Chefin: Ja, aber sie ist viel jünger als er. Und sie spricht nicht gerne über die alten Geschichten…
Gast: Warum das denn? Ist mit dem Petrus irgendwas nicht in Ordnung?
Chefin: Das ist eine lange Geschichte…
Um es kurz zu machen: Petrus hat vor knapp 10 Jahren von einem Tag zum anderen seine Arbeit als Fischer aufgegeben und ist mit dem Wanderprediger Jesus von Nazareth losgezogen, weg von uns. Er wollte nicht mehr Fische angeln, - hat er gesagt! -, sondern in Zukunft Menschen fangen.
Wir haben uns damals sehr über ihn gewundert und waren auch ziemlich sauer auf ihn.
(*Claudius und Matthias betreten das Lokal und setzen sich an den Tresen)*
Claudius: Zwei Gläser roten Karmel-Wein und dazu eine Flasche Wasser, bitte. Die Fische haben wir in die Speisekammer im Keller gelegt. Aber allzu viele sind es leider nicht.
Matthias: Lange nicht so viele jedenfalls wie damals, als unser großer Bruder

mittags noch mal von neuem hinaus fuhr und solche Unmengen an Fisch an Land brachte, dass die Netze sie kaum noch halten konnten…

Gast: Wer ist Ihr großer Bruder? Doch wohl nicht der Petrus?

Claudius: Doch, aber warum interessiert Sie das?

Gast: Weil der Fisch, den ich gerade bei Ihrer Schwester bestellt habe, nach ihm seinen Namen hat. - Was war das mit dem Super-Fang damals und warum hat er vor 10 Jahren seinen Fischer-Job aufgegeben. Hängt beides vielleicht miteinander zusammen?

Matthias: Ja, das tut es: Unser großer Bruder war damals die ganze Nacht am Fischen gewesen. Aber er hatte nichts gefangen. Da sprach ihn dieser Jesus aus Nazareth an und drängte ihn dazu, och einmal mit seinem Segelboot hinaus auf den See zu fahren und noch einmal die Netze auszuwerfen. Normalerweise ist es Quatsch, am späten Vormittag zum Fischen zu fahren. Da beißen sie nicht. Am besten beißen sie ganz früh morgens, so zwischen 4 und 6 Uhr in der Frühe.

Gast: Aber Petrus hat es an dem Tag trotzdem gemacht?

Claudius: Ja, das stimmt. „Auf dein Wort hin will ich es tun, Meister", hat er zu Jesus gesagt.

Gast: Und was geschah?

Matthias: Es verfingen sich so viele Fische in seinen Netzen, dass er noch das Boot befreundeter Kollegen mit heranwinken musste, um die Ladung auch nur halbwegs meistern zu können. Die Boote wären wegen der schweren Last beide fast gesunken. Dann haben sie die Fische aber schließlich doch noch an Land bringen können und den Verkaufserlös ihres Lebens erzielt.

Kellnerin (*serviert den bestellten Fisch und sagt*): Bitte sehr! Einen gesegneten Appetit, der Herr!

Gast: Vielen Dank! Aber: Dieser tolle Fang: Das waren alles solche Petrus-Fische?

Chefin: Nicht alle waren Petrus-Fische. Aber doch die meisten!

Gast: Was ist aus Petrus geworden?

Chefin: Der zieht predigend durch halb Europa. Er sagt allen: „Glaubt an Gott und freut euch, dass sein Sohn Jesus für euch gestorben ist und von Gott wieder auferweckt wurde!"

Gast: Und was halten Sie davon?

Chefin: Ich weiß nicht! Wir hatten eine schwere Zeit, als er sich plötzlich dem Jesus anschloss, denn seine Brüder waren eigentlich noch zu jung, um das Fischen von ihm zu übernehmen. Aber ich habe dann dies Wirtshaus eröffnet und ihm den Namen „Zum großen Fischfang" gegeben. Zuerst haben wir den Fisch von anderen Fischern gekauft und dann für die Gäste zubereitet. Inzwischen aber sind seine Brüder auch erwachsen. Sie fischen selber u. Mirjam kellnert inzwischen auch gut! … Nur das mit dem Menschenfischen, das kapier ich bis heute nicht…

Abraham und Sarah im Wüsten-Cafe

(Stück für drei Personen: Abraham, Sarah + der Teehausbesitzer Micha)
Szene: Wir befinden uns in einem orientalischen Teehaus. Darin steht ein Tisch mit zwei Stühlen. Zwei vom Wandern erschöpfte Menschen – Abraham und Sarah – betreten das Cafe. Der Teehaus-Besitzer – Micha – geht auf sie zu und heißt sie willkommen…

Micha: Herzlich willkommen in meinem bescheidenen Cafe, setzt Euch doch!
(Abraham und Sarah setzen sich auf die beiden Stühle.)
Abraham: Oh, das tut gut. Ich glaube, wir nehmen zwei große Gläser schwarzen Tee. Ist Dir das recht, Sarah?
Sarah: Ja, sehr gerne. Und dazu vielleicht ein bisschen Fladenbrot mit Schafskäse. Habt Ihr so etwas in der Art?
Micha: Ja, natürlich. Zweimal Tee, zweimal Fladenbrot mit Schafskäse. Ich sage in der Küche Bescheid.
Abraham: Wie gut, dass wir ein wenig ausruhen können. Es ist heute Mittag aber auch wirklich wieder sehr heiß!
Sarah: Ja, das stimmt. Und die Zelte bauen wir ja erst heute Abend zum Abend-Essen und zum Übernachten wieder auf. Vorher müssen wir noch mindestens 20 Kilometer schaffen…
Micha: *(serviert Tee)* So, da wäre schon mal der Tee. Das Brot kommt dann auch demnächst…Sagt mir: Wo kommt Ihr her und wo wollt Ihr hin?
Sarah: Wir sind vor 2 Wochen von Haran her aufgebrochen und haben seitdem mit unseren Leuten und unserer Vieh-Herde wohl schon an die 400 km zurückgelegt. Aber der Weg ins gelobte Land ist noch weit…
Micha: Ins gelobte Land? Was meint Ihr damit?
Abraham: Na ja, wir sind unterwegs ins Land Kanaan. Da sollen wir uns niederlassen. So will es unser Gott.
Micha: Was meinst Du mit „So will es unser Gott"???
Sarah: Unser Gott ist meinem Mann erschienen und hat zu ihm gesprochen.
Micha: Und was hat er gesprochen?
Abraham: Er sagte: „Geh aus Deinem Vaterland fort in ein Land, das ich Dir zeigen werde. Und ich will Dich zu einem großen Volk machen. Und ich will Dich segnen und Du sollst ein Segen sein."
Micha: Und da seid Ihr einfach losmarschiert?
Sarah: Nein, das nicht. Wir haben erst mal ein paar Tage darüber beratschlagt und haben uns dann überlegt, was wir in Haran zurücklassen sollten und was auf alle Fälle mit sollte ins gelobte Land. Das war gar nicht so leicht zu entscheiden und bei manchen Sachen haben wir lange überlegt. Aber dann haben wir gepackt und sind losgezogen, so wie Gott es wollte.
Micha: Aber habt Ihr denn gar keine Angst, so ganz woanders etwas völlig Neues anzufangen?
Abraham: Ja, schon! Denn wir wissen ja gar nicht, wie das dann alles sein wird

da im gelobten Land. Aber Gott ist bei uns mit seinem Segen, das hat er uns versprochen. Und das glauben wir ihm. Da brauchen wir keine Angst zu haben.

Micha: Na dann: Alles Gute und Gott befohlen!

Sarah + Abraham: Danke. Diese guten Wünsche können wir gut gebrauchen!

Serano-Schinken aus Norddeutschland – Die Genese einer ibero-germanischen Erfolgsstory in ökonomisch schwierigen Zeiten (in lockerer Anlehnung an Luk. 15,11-32: Vom verlorenen Sohn, seinem Vater und seinem Bruder)

(Journalistisches Vortragstück für eine Person)

Kaum jemand kann sich heute noch eine Fleisch-Theke oder einen Schlachterladen in Norddeutschland ohne den schmackhaften und preiswerten Serano-Schinken aus Geesthausen vorstellen.
Aber wie kam es zu dieser einzigartigen Erfolgsstory?
Wir haben den Familienbetrieb in Geesthausen aufgesucht und mit den Beteiligten gesprochen.
Über eine großzügige Hofeinfahrt gelangt man durch einen üppigen Park zum Haupthaus des landwirtschaftlichen Betriebes der Gebrüder Werner und Wilhelm Jensen.
Wilhelm Jensen, der ältere Teil des Erfolgsduos, öffnet die Tür und führt mich in ein gediegenes Wohnzimmer mit Parkett-Boden und einer sicher nicht ganz billigen Sitz-Ecke mit einem Bezug aus edlem Schweinsleder: Sein jüngerer Bruder habe kurz noch ein Telefonat mit einer größeren Handelskette zu beenden und werde gleich dazu kommen.
Bei einer Tasse Assam-Tee mit Kandiszucker und Sahne beginnt das Gespräch übe den Geesthausener Serano-Schinken und wie es zu der ganzen Sache eigentlich kam – damals vor nun gut 15 Jahren.
„Im Grunde war es eine ganz dumme Geschichte damals…“, so beginnt Wilhelm Jensen seine Rückschau. Er berichtet von ständigen Querelen zwischen Vater Friedhelm Jensen, der vor drei Jahren verstorben ist, und Sohn Werner, dem dies nicht passte und jenes nicht, der keine Frau fand, die mit ihm auf einem Bauernhof hätte leben wollen, und der auch selber eigentlich lange schon weg gewollt hatte. Schließlich habe Friedhelm Jensen einen Teil des Anwesens verkauft, einen Teil der Finanzrücklagen dazu gegeben und Sohn Werner also ausgezahlt. Dieser habe sich dann mit der erhaltenen Barschaft Richtung Süden abgesetzt nach Andalusien und habe sehr lange nichts von sich hören lassen.
Als Sohn war er dem Vater und der väterlichen Getreidelandwirtschaft im Grunde verloren.
„Das war ganz hart damals“, sagt Wilhelm Jensen. „Eigentlich brauchten wir jeden Mann und jede Hand auf unserem Familienbetrieb. Wir arbeiteten sozusagen jeder 50% mehr und verdienten wegen ständig sinkender Getreidepreise ständig weniger.“
Er begrüßt seinen Bruder Werner, der in einer sportlich eleganten Kombination den Raum betritt, herzlich und macht uns miteinander bekannt. „Wir haben gerade von dir gesprochen, Werner, und wie misslich unsere Lage war, als du uns Richtung Spanien verlassen hattest…“ Werner Jensen zeigt uns sein gewinnendes

Siegerlächeln. „Tja, für mich war es ja auch nicht leicht damals. Das Geld war schnell ausgegeben in den umtriebigen Städten Andalusiens. Und dann saß ich da: ohne Geld, ohne Freunde und dort auch ohne Verwandte.“

„Aber dann hattest du eine gute Idee…“, versucht Wilhelm Jensen die Geschichte seines Bruders voranzutreiben. Doch der bremst erst mal ab:

„Du meinst den Knochenjob beim Schweinemäster Juan…“ Den Nachnamen verschweigt er der Presse wegen wohl lieber. „Juan war ein Mistkerl, ein Sklaventreiber letztendlich…“ Doch dann erzählt er, dass er dort am Rande seiner sehr schlecht bezahlten Drecksarbeit in den Schweineställen von Juan einen Mitarbeiter kennengelernt hat, der in der Schinkenbearbeitung dieses Schweinebetriebes tätig war: Pablo. „Er führte mich in die Kunst der andalusischen Schweine-Schinken-Bearbeitung und verriet mir die Spezialzutaten für einen richtigen Serano-Schinken, wie Touristen in Spanien ihn lieben, ihn aber zu Hause höchstens als überteuertes Importprodukt erwerben konnten, - jedenfalls zu jener Zeit!“ „Und dann kamst du zurück nach Hause“; treibt Wilhelm die Geschichte seines Bruders voran. „Ja, dann kam ich zurück nach Hause…“

Werner Jensens Augen sind plötzlich ganz glasig geworden und blicken in die Ferne, in eine andere – weit zurückliegende – Zeit. „Teils bin ich getrampt, teils fuhr ich auch schwarz mit der Bahn“, sagt er, „und dann war ich plötzlich auf dem väterlichen Hof in Geesthausen zurück…“

Der Vater habe ihn damals hoch erfreut wieder zu Hause aufgenommen und eine große „Welcome back“-Party für ihn gegeben. Bruder Wilhelm sei zunächst nicht sehr begeistert gewesen.

„Komm, Werner, lass bitte die alten Geschichten jetzt ruhen“, wirft Wilhelm Jensen ein und Bruder Werner – jetzt wieder ganz im Hier und Jetzt (auch mit seinen Augen) – referiert sachlich, aber nicht ohne Stolz, weiter über die damals begonnene Umstellung von Getreide auf Schweine-Produktion, über den Transfer des Serano-Kenners Pablo in den Familienbetrieb der Jensens nach Geesthausen, die Ausweitung und Spezialisierung des Betriebes auf Serano-Schinken aus norddeutscher Produktion, über Details der Vermarktungs- Strategien und weitere ökonomische Perspektiven der Neu-Orientierung des damals maroden Betriebes in den letzten 13 Jahren.

„Eines aber muss man sagen“, unterbricht ihn sein Bruder Wilhelm: „Hätte Vater dich mit deinen Ideen und deiner Kreativität damals nicht wieder bei uns aufgenommen, dann gäbe es weder unser Familienunternehmen mehr, noch gäbe es den Geesthausener Serano-Schinken. Und wir hätten bestimmt auch nicht wieder zueinander gefunden.“ – „Da hast du recht“, gibt Werner Jensen zurück, und ich habe den Eindruck, er drückt gerade ein oder zwei kleine Tränen aus seinen Augen weg, „aber“, fügt er hinzu, „das will der Herr von der Zeitung bestimmt nicht wissen.“ Doch hier irrt Herr Jensen sich gewaltig…

Printed by Books on Demand GmbH, Norderstedt / Germany